张振东　高大威　周　萍　主编

车辆工程专业
课程思政案例集

化学工业出版社

·北京·

内 容 简 介

本书介绍了开展课程思政教学的时代要求和机械类专业课程思政教育的实现路径，以车辆工程专业课程思政教学实践为基础，给出了"汽车构造""汽车发动机原理""汽车理论""汽车设计""汽车制造技术""汽车试验技术""汽车质量管理""汽车控制基础"等专业核心课程和重点课程的课程思政教学设计案例。

本书的课程思政教学设计和典型案例是将专业教育与立德树人有机融合的有益尝试，对于推进车辆工程专业的课堂教学改革和创新具有借鉴意义。本书可供车辆工程专业及其他相关专业教师使用，也可作为教育领域相关专业人士的参考或学习用书。

图书在版编目（CIP）数据

车辆工程专业课程思政案例集/张振东，高大威，周萍主编. —北京：化学工业出版社，2024.3
ISBN 978-7-122-45132-3

Ⅰ. ①车⋯　Ⅱ. ①张⋯　②高⋯　③周⋯
Ⅲ. ①高等学校-思想政治教育-教案（教育）-中国
Ⅳ. ①G641

中国国家版本馆 CIP 数据核字（2024）第 044148 号

责任编辑：韩庆利　旷英姿　　　　文字编辑：吴开亮
责任校对：宋　玮　　　　　　　　装帧设计：刘丽华

出版发行：化学工业出版社
　　　　　（北京市东城区青年湖南街 13 号　邮政编码 100011）
印　　装：北京盛通数码印刷有限公司
710mm×1000mm　1/16　印张 13$\frac{1}{2}$　字数 245 千字
2024 年 11 月北京第 1 版第 1 次印刷

购书咨询：010-64518888　　　　　售后服务：010-64518899
网　　址：http://www.cip.com.cn
凡购买本书，如有缺损质量问题，本社销售中心负责调换。

定　　价：68.00 元　　　　　　　　　版权所有　违者必究

前言

以立德树人为统领,全方位加强高校思想政治工作,全面推进专业教学的价值塑造、知识传授与能力培养的有机融合,这是党和国家对高校的殷切期待,也是新时代培养社会主义建设者和接班人的必然要求。

2020年6月,教育部印发《高等学校课程思政建设指导纲要》(以下简称《纲要》),对高校课程思政建设进行了总体规划和部署,提出要以提高人才培养能力为核心点,围绕政治认同、家国情怀、文化素养、宪法法治意识、道德修养等重点优化课程思政内容供给;实现价值塑造与知识传授、能力培养一体化推进,把专业教育与思想政治教育紧密融合,形成协同效应。《纲要》的印发为全国高校推进和开展课程思政建设提供了行动指南。

2019年以来,上海理工大学车辆工程专业以获批上海市课程思政特色改革领航团队为契机,对专业课程思政教学进行了探索和实践,建立了专业课程思政领导小组,策划建设方案,实施育人能力提升工程,开展专家讲座、教学研讨、名师示范,提高教师责任意识和育人能力;组建课程教学团队,通过集体研讨,以汽车百年创新变革历程为背景,围绕系统观念、危机意识、科学奉献精神、节能环保、可持续发展等主题凝练价值基因,通过修订课程教学大纲,精心开展教学设计,使育人元素有机融入了教学过程。在教学过程中,注重揭示专业理论的科学内涵,结合典型工程案例和典型人物事迹,激发学生的责任担当和家国情怀,有效提高了课程教学的广度、深度和温度。

本书在阐述课程思政教育的重要意义的基础上,分析了上海理工大学机械类专业课程思政的实现路径,总结了上海理工大学车辆工程专业前期在课程思政教学方面所进行的探索和实践,列举了部分专业核心课程和重点课程的思政教学设计案例。本书共分8章,涉及"汽车构造""汽车发动机原理""汽车理论""汽车设计""汽车制造技术""汽车试验技术""汽车质量管理""汽车控制基础"8门专业核心或专业重点课程的典型思政教学案例。

本书由上海理工大学张振东、高大威、周萍担任主编，尹丛勃、刘银华担任副主编，本书中的课程思政教学案例由车辆工程专业相关课程的专业教师赵金星、王启明、张东东、王书文、孙涛、冯金芝、赵礼辉、卢曦、郑岳久等提供，机械工程学院钱炜撰写了本书的绪论，在此一并感谢。

张振东
于上海理工大学

目录

绪论 ·· 001

- 0.1 高校开展课程思政的重要意义 ·· 002
- 0.2 机械类专业课程思政的实现路径 ······································ 003
- 0.3 车辆工程专业课程思政教学实践 ······································ 005

第1章 汽车构造课程思政教学设计 ·· 006

- 1.1 课程概况 ··· 007
- 1.2 课程教学目标 ··· 007
  - 1.2.1 知识能力目标 ··· 007
  - 1.2.2 课程思政教学目标 ··· 007
- 1.3 课程思政总体设计 ··· 008
  - 1.3.1 课程思政特征分析 ··· 008
  - 1.3.2 课程思政方案设计 ··· 008
- 1.4 学情分析 ··· 010
- 1.5 典型教学案例 ··· 010
  - 1.5.1 发动机的工作原理与分类 ·· 010
  - 1.5.2 汽车制动系统 ··· 018
  - 1.5.3 汽车转向系统操纵机构 ·· 022
  - 1.5.4 电控汽油喷射系统 ··· 025
  - 1.5.5 智能汽车技术架构 ··· 033
  - 1.5.6 智能汽车的伦理与法律 ·· 038

第2章 汽车发动机原理课程思政教学设计 ································ 042

- 2.1 课程概况 ··· 043
- 2.2 课程教学目标 ··· 043
  - 2.2.1 知识能力目标 ··· 043
  - 2.2.2 课程思政教学目标 ··· 043
- 2.3 课程思政总体设计 ··· 044
  - 2.3.1 课程思政特征分析 ··· 044
  - 2.3.2 课程思政方案设计 ··· 044

2.4　学情分析 045
2.5　典型教学案例 046
　　2.5.1　汽油机混合气的形成 046
　　2.5.2　发动机的进气可变技术 052
　　2.5.3　发动机的进气增压技术 057
　　2.5.4　四冲程发动机的换气过程 062
　　2.5.5　发动机的性能指标与理论循环 070
　　2.5.6　废气涡轮增压器 078

第3章　汽车理论课程思政教学设计 084

3.1　课程概况 085
3.2　课程教学目标 085
　　3.2.1　知识能力目标 085
　　3.2.2　课程思政教学目标 086
3.3　课程思政总体设计 086
　　3.3.1　课程思政特征分析 086
　　3.3.2　课程思政方案设计 086
3.4　学情分析 087
3.5　典型教学案例 087
　　3.5.1　汽车的动力性 087
　　3.5.2　智能汽车技术 092

第4章　汽车设计课程思政教学设计 101

4.1　课程概况 102
4.2　课程教学目标 102
　　4.2.1　知识能力目标 102
　　4.2.2　课程思政教学目标 102
4.3　课程思政总体设计 103
　　4.3.1　课程思政特征分析 103
　　4.3.2　课程思政方案设计 103
4.4　学情分析 104
4.5　典型教学案例 105
　　4.5.1　汽车总体设计 105

    4.5.2 汽车制动系统设计 ……………………………………………… 109
    4.5.3 汽车 ABS ……………………………………………………… 112

第 5 章 汽车制造技术课程思政教学设计 …………………… 118

　　5.1 课程概况 ………………………………………………………… 119
　　5.2 课程教学目标 …………………………………………………… 119
　　　　5.2.1 知识能力目标 …………………………………………… 119
　　　　5.2.2 课程思政教学目标 ……………………………………… 119
　　5.3 课程思政总体设计 ……………………………………………… 120
　　　　5.3.1 课程思政特征分析 ……………………………………… 120
　　　　5.3.2 课程思政方案设计 ……………………………………… 120
　　5.4 学情分析 ………………………………………………………… 121
　　5.5 典型教学案例 …………………………………………………… 122
　　　　5.5.1 绪论 ……………………………………………………… 122
　　　　5.5.2 加工误差的统计分析 …………………………………… 127
　　　　5.5.3 汽车车身制造系统的工艺规划 ………………………… 132
　　　　5.5.4 汽车发动机制造精度的自动化检测 …………………… 136
　　　　5.5.5 汽车精密制造与检测技术的发展 ……………………… 140

第 6 章 汽车试验技术课程思政教学设计 …………………… 145

　　6.1 课程概况 ………………………………………………………… 146
　　6.2 课程教学目标 …………………………………………………… 146
　　　　6.2.1 知识能力目标 …………………………………………… 146
　　　　6.2.2 课程思政教学目标 ……………………………………… 146
　　6.3 课程思政总体设计 ……………………………………………… 147
　　　　6.3.1 课程思政特征分析 ……………………………………… 147
　　　　6.3.2 课程思政方案设计 ……………………………………… 148
　　6.4 学情分析 ………………………………………………………… 149
　　6.5 典型教学案例 …………………………………………………… 149
　　　　6.5.1 汽车试验学的发展历程 ………………………………… 149

  6.5.2 汽车试验技术的分类研究 ………………………………………… 154
  6.5.3 汽车载荷谱采集试验 …………………………………………… 157
  6.5.4 传感器之霍尔式传感器 ………………………………………… 161
  6.5.5 节流式流量计 …………………………………………………… 165

第 7 章 汽车质量管理课程思政教学设计 …………………… 170

 7.1 课程概况 ……………………………………………………………… 171
 7.2 课程教学目标 ………………………………………………………… 171
  7.2.1 知识能力目标 …………………………………………………… 171
  7.2.2 课程思政教学目标 ……………………………………………… 171
 7.3 课程思政总体设计 …………………………………………………… 172
  7.3.1 课程思政特征分析 ……………………………………………… 172
  7.3.2 课程思政方案设计 ……………………………………………… 172
 7.4 学情分析 ……………………………………………………………… 173
 7.5 典型教学案例 ………………………………………………………… 173
  7.5.1 数据驱动的制造质量在线报警 ………………………………… 173
  7.5.2 质量分析方法 …………………………………………………… 177
  7.5.3 我国质量标准体系的地位与发展 ……………………………… 181

第 8 章 汽车控制基础课程思政教学设计 …………………… 186

 8.1 课程概况 ……………………………………………………………… 187
 8.2 课程教学目标 ………………………………………………………… 187
  8.2.1 知识能力目标 …………………………………………………… 187
  8.2.2 课程思政教学目标 ……………………………………………… 187
 8.3 课程思政总体设计 …………………………………………………… 188
  8.3.1 课程思政特征分析 ……………………………………………… 188
  8.3.2 课程思政方案设计 ……………………………………………… 188
 8.4 学情分析 ……………………………………………………………… 189
 8.5 典型教学案例 ………………………………………………………… 189
  8.5.1 控制系统 ………………………………………………………… 189
  8.5.2 控制系统的数学模型 …………………………………………… 195
  8.5.3 控制系统时域、根轨迹、频域分析 …………………………… 199
  8.5.4 悬架系统控制器设计 …………………………………………… 202

绪 论

0.1 高校开展课程思政的重要意义

"课程思政"是高校坚持以习近平新时代中国特色社会主义思想为指导，落实立德树人根本任务的教育理念创新和实践创新的重要途径；是高校以习近平总书记关于教育的重要论述为根本遵循，把思想政治工作贯穿教育教学全过程的必然选择。深入探索"课程思政"教学规律，多维度增强"课程思政"实效，让所有课程都成为育人的主渠道，增强知识传授与价值引领的有机融合，才能更好地实现润物无声、立德树人。2019年9月，上海市教委在全市高校中实施了课程思政"领航计划"，上海理工大学和其机械工程学院分别获批上海市课程思政领航高校和领航学院。

在新时代强调推动"课程思政"建设是对教育本质的重识和解蔽，是将教学内容从知识与能力的维度推进到价值维度，回归教育的"初心"。

（1）"课程思政"是新时代的召唤

教育是国之大计、党之大计，新时代需要培养社会主义事业的建设者和接班人，需要培养一代又一代拥护中国共产党领导和我国社会主义制度、立志为中国特色社会主义奋斗终身的有用人才。目前，我国教育在满足新时代的需要上尚存在差距，实际教学中，有的政治理论课的说教式教学导致学生学习兴趣不高，甚至引起学生的反感和抵触；专业课教学过程中，有的高校教师仅注重教学过程和知识点的讲解，缺乏人文关怀、信念信仰树立和思想方法传授，缺少"德"的元素，不利于学生德智体美劳全面发展。因此，需要"课程思政"和"思政课程"协同育人，使思政课教学在破解其自身的"孤岛"现象时更接地气和更有针对性，也使专业课教学因思想政治教育内容有机融入而更加丰富多彩。"课程思政"立德树人，不仅讲政治、讲理想信念、讲奉献，还讲能力、讲创新意识。一言以蔽之，"课程思政"协同育人是对新时代召唤的及时应答。

（2）"课程思政"是培养人才的需要

大学是一个培养人才的地方，大学建设了教学楼、实验室、图书馆等教学资源，为大学生搭建了非常好的教育平台，创造了优越的学习环境，大学生应该珍惜利用。工科大学是培养创造国之重器的人才的摇篮。建设强大的社会主义中国，实现强国梦，首先是培养人才。而人才培养首先要明确培养什么人、如何培养人以及为谁培养人，这是教育的根本问题。作为社会主义大学，必须承担起培养社会主义建设者和接班人的历史使命。要完成这一伟大使命，必须扎根中国大地办大学，把为人处世的基本道理、社会主义核心价值观的基本要求和实现民族复兴的伟大理想与责任担当等思政教育内容融入课程教学之中，实现"课程思政"协同育人。

（3）"课程思政"是一种新的思想政治教育观

思想政治教育是指社会或社会群体用一定的思想观念、政治观点、道德规范，对其成员施加有目的、有计划、有组织的影响，并促使其自主地接受这种影响，从而形成符合一定社会、一定阶级所需要的思想品德的社会实践活动。教育是面向人的工程，绝不仅仅是知识的灌输，而是要在知识和技能的培养过程中将某种精神和某种价值传递给受教育者。"课程思政"开辟了高校思想政治教育的新渠道，它在思政课程这一专门性课程和主渠道之外，充分挖掘各类课程的思想政治教育功能，实现思想政治教育载体的拓展、思想政治教育队伍的扩大、思想政治教育内容的丰富和思想政治教育方法的创新，从而形成一种崭新的思想政治教育观。

0.2 机械类专业课程思政的实现路径

"课程思政"作为一种崭新的教育观，强调尊重教育规律，坚持立德育人，所有课程都有立德育人的功能，所有教师都有立德育人的职责，所有课堂都是立德育人的主渠道，其实质在于形成"三全育人"（即全员育人、全过程育人、全方位育人）的教育局面。

（1）依据专业特点设计课程，引领全员育人

机械类专业是工科专业，对工科类学生培养通常强调逻辑思维的严密、严谨和深入，工科思维相对关心解决问题的方法，即针对问题怎么做、用什么方法做。具有工科思维的人思维严谨，规则意识强。为了应对将来的就业和竞争，学生们更注重专业知识的学习，而对反映人文的学科和价值理性有所忽视，对人文社科课程重视不够；学习中存在着人文精神和专业教育不匹配、思政教育和专业教育融合不够等问题。

针对机械类专业学生的上述特点，上海理工大学机械工程学院成立了"课程思政"领导小组，由学院主要领导落实推进"课程思政"工作。根据教学发展的需要，结合中国工程教育的要求，全面修订专业课程的教学大纲，把思政内容进行系统梳理和挖掘，形成与专业课程知识密切相关的思政教学案例，思政内容从贴近到融合，达到润物细无声的境界，从而实现价值引领，为国家智能制造装备业培养卓越人才。"课程思政"的多学科性有利于"思政课程"汲取营养，"思政课程"始终在关注、学习中央精神上走在其他课程的前面。两种不同类型的教学同向同行必须要有一种联动机制，需要推动学校制度创新，包括做好课程的教学设计、创新教学方法、

挖掘思政元素、丰富课堂内容以及提升学生参与度等，最终实现引领全员育人的目的。

（2）以校史、学科史、专业史充实课程思政内容

上海理工大学这所巍巍学府，沧桑百年，薪火相传，弦歌不辍，培育了一大批爱国青年和志士仁人，滋养了一大批学术精英、工程专家和社会翘楚，为国家和社会培养了十余万优秀专业人才，享有"制造业黄埔军校"的美誉。上海理工大学在融合传承创新中凝练形成"信义勤爱，思学志远"的校训精神，激励上理人守正出新，砥砺奋进。刘湛恩老校长凭借自己的努力成为一代教育家，创造了辉煌的人生。他身逢战乱，面对死亡的威胁，仍然笃守信仰，为正义而呐喊，体现了正直知识分子的良心，实践了一个知识分子对社会的一份责任，弥足珍贵。

机械工程学科是上海理工大学最悠久的学科之一。早在1912年，同济德文医工学堂成立了机电、医科和德文三个专业。1952年，在沪江大学基础上成立的上海工业学校下设机械、电机和化工三个专业。同济德文医工学堂发展为上海机械高等专科学校，上海工业学校更名为华东工业大学，两者于1996年组建为上海理工大学。2000年之后，随着国家的强盛和学校的发展，机械工程学科也得到了迅猛发展，2011年获得博士学位授予权。在专业建设方面，"机械设计制造及其自动化"专业先后获批教育部综合改革试点专业和教育部卓越工程师教育培养计划试点专业。"机械设计制造及其自动化"和"车辆工程"专业先后通过中国工程教育认证，获批"双万计划"国家级一流本科专业点，2019年荣获上海高校"课程思政"领航示范专业。这些成绩的取得进一步丰富了"课程思政"内容，尤其是校史、学科史和专业发展史教育，展示了上海理工大学学科、专业特色，体现了上海理工大学培养人才的特色：勤奋、务实，服务于社会，承担制造强国使命。

（3）思政元素融入培养方案、教学大纲

牢牢把握"为谁培养人""培养什么人"和"怎样培养人"的教育根本问题，通过开展专家讲座、教学研讨和名师示范等活动，切实提高专业课教师的业务素质和育人能力，严格依据"课程思政"要求及育人目标修订培养方案和教学大纲，深化"课程"与"思政"的融合，增加人生观、价值观、家国情怀、专业特色、工程伦理、社会发展需求等内容，有效激发学生学习专业知识的兴趣，从而把全过程育人的理念融入培养体系中，把"课程思政"贯穿培养方案的始终，使学生在大学四年不同的学习阶段都能体会到"课程思政"的教育引领。

机械工程学院思政课程团队与马克思主义学院思政课程团队集体备课，探索课程思政建设之路，多学科多视角打磨课程思政教学内容、价值观植入方式，深度挖掘课程思政案例，将德育元素以及党史学习教育融入专业课教育。

（4）专业课程体系协同育人

专业课及其课堂是"课程思政"的落脚点和实施地。"课程思政"与"思政课程"同向同行对专业课教师不论是政治素养还是综合教学能力都提出了更高的要求。专业课教师不仅要有扎实的学识和精湛的业务，而且要对国家的战略发展及党的创新理论有正确把握，这样才能使专业知识与思政元素有效融合，从而在专业知识和技能的传授过程中体现协同育人的建设目标。在"课程思政"建设过程中，还应充分发挥党员教师的先锋模范作用。

教师在课程思政协同育人中起着关键作用，除了积极投身"课程思政"外，还要言传身教，创新授课方式，使用多媒体、翻转课堂等方法呈现"课程思政"内容，深度挖掘"课程思政"元素，如通过典型案例，引导学生主动参与到"课程思政"教学实践中来，把严谨求实、家国情怀、工匠精神、理想信念等传授给学生，从而实现专业课程体系协同育人的教学目标。

特别要提高青年教师的育德能力，在师德师风及教学技能上发挥老教师的指导作用，协助学院培养青年教师，帮助青年教师站好讲台，过"教学关"，担当课程思政的主力军。

0.3 车辆工程专业课程思政教学实践

针对传统车辆工程专业教学中存在的学生自主学习意识不足、教学方法落后、实践训练不深入、学生创新意识薄弱、课程育人功能不完善等教学痛点问题，车辆工程专业将工程教育与立德树人相融合，强化课程价值引领，遵循工程教育理念，积极开展教学创新实践，努力建设优质教学资源，结合汽车技术发展动态不断优化课程内容体系，线上与线下教学相融合，激发学生自主学习兴趣，培养其工程实践技能。将科创和教学相融合，多方位培养学生创新能力。经过不断探索，形成了"机制保障-基因凝练-教学实践-链式推进"的课程思政教学新模式，积极开展课前、课中、课后"三段式"教学改革实践，大力推进价值塑造、知识传授与能力培养的深度融合，有效提升了专业课程教学的高阶性、创新性和挑战度。实践结果表明，学生自主学习意识明显增强，创新实践能力明显提高，教师教学能力显著提升。2020年"发动机原理"课程获批国家级一流本科课程，2021年入选教育部课程思政示范课程，教学团队入选国家级课程思政教学名师和团队。

第1章

01

汽车构造
课程思政教学设计

1.1 课程概况

课程名称：汽车构造
课程性质：专业核心课程
专　　业：车辆工程
教学对象：大三本科生
使用教材：陈家瑞. 汽车构造. 第 3 版. 北京：机械工业出版社，2013 年
学分/学时：4/64
课程类型：线下课程
课程简介：该课程是车辆工程专业的专业核心课程，着重介绍整车结构布置、发动机的结构与功用以及工作原理、底盘的主要部件结构与功用以及工作原理、车身结构及其功用。

1.2 课程教学目标

1.2.1 知识能力目标

① 掌握汽车的总体及各部分构造，具备利用专业知识识别和判断车辆复杂工程问题的能力。

② 掌握不同类型汽车的结构特点、功能分类、基本组成、工作原理，在工程实践中具备对多个零部件进行选择的能力。

③ 掌握汽车关键部件总成在不同结构形式下的性能差异和优缺点，掌握评价和比较不同设计结构优缺点的方法和思路，为后续开展先进结构设计和制定先进制造工艺奠定技术基础。

④ 理解汽车排放、汽车安全性、车身结构等对环境保护和可持续发展的影响，知晓车辆对人类和环境可能造成的危害。此外，深刻领悟诚信、创新、工匠精神等的必要性。

1.2.2 课程思政教学目标

以实现工程教育与立德树人的有机结合为目标，以汽车百年创新变革为背景，

阐明工程与社会、环境和可持续发展的内在联系，强化科学精神、社会责任意识和职业规范；以我国汽车工业发展成就激发学生的民族自信心和自豪感，坚定"四个自信"；遵循"学生为中心、成果导向、持续改进"理念，对思政内容体系及教学环节进行完善。

1.3 课程思政总体设计

1.3.1 课程思政特征分析

（1）增强民族自信

总结我国汽车工业自强不息的建设成就，树立学生的危机意识和自强意识，激发学生不畏艰难、投身祖国建设事业的热情，强化学生的能力自信和社会主义道路自信。

（2）树立系统观念

汽车是一个复杂的系统，各子系统分工明确又相互影响，结构上只有合理匹配才能协同工作。树立学生的系统观念，形成大局观。

（3）培育科学精神

阐明典型技术创新的历史背景，明晰技术变革与社会需求的紧密联系，并结合我国汽车产业的发展需求，使学生树立脚踏实地的科学态度和敢为人先的奋斗精神。

（4）以人为本、和谐发展

介绍汽车排放、汽车安全性、车身结构等对环境保护和可持续发展的影响，知晓车辆对人类和环境可能造成的危害，使学生树立以人为本、节能环保的意识，树立可持续发展理念。

1.3.2 课程思政方案设计

课程章节	知识点	课程思政教学要点	思政维度	教学方法
总论	·汽车工业的发展 ·国产汽车产品型号编制规则 ·汽车类型、汽车总体构造 ·汽车行驶的基本原理	讲述汽车工业的发展历程，培养学生艰苦奋斗的精神；宣传工匠精神，培养学生的民族自豪情怀	·家国情怀 ·可持续发展	·讲授法 ·案例教学
发动机的工作原理与分类	·发动机的分类 ·四冲程发动机的工作原理 ·二冲程发动机的工作原理 ·发动机的总体构造	介绍发动机的发明过程，讲述工匠精神和持之以恒的科学奋斗精神	·机遇与挑战	·讲授法 ·对比分析 ·案例教学 ·互动交流
曲柄连杆机构	·曲柄连杆机构概述 ·机体组 ·活塞连杆组 ·曲轴飞轮组	将曲柄连杆机构的工作关联团结协作精神	·系统观念 ·团结协作	·讲授法 ·案例教学

第1章 汽车构造课程思政教学设计

续表

课程章节	知识点	课程思政教学要点	思政维度	教学方法
配气机构	·气门式配气机构的布置与传动 ·配气定时 ·配气机构的零件与组件	将配气机构的工作关联团结协作精神	·系统观念 ·团结协作	·讲授法 ·案例教学
汽油机供给系统	·汽油机供给系统的组成与燃料 ·可燃混合气成分与汽油机性能的关系 ·电控汽油直接喷射系统	电控汽油喷射取代化油器,推动了汽车产业发展和技术进步。个人的发展要与国家的需求相结合,抓住机遇,直面挑战	·机遇与挑战	·讲授法 ·案例教学 ·对比分析
柴油机供给系统	·柴油及其使用性能 ·柴油机供给系统 ·喷油器与喷油泵 ·供给系统的辅助装置 ·发动机的进气系统 ·发动机的排气系统	柴油机对经济和国防军备具有重要作用,与国外产品相比存在的技术差距。金东寒院士的科研创新事迹及贡献	·家国情怀	·讲授法 ·案例教学 ·对比分析
发动机冷却系统	·冷却系统的功用与组成 ·冷却液 ·散热器与冷却风扇 ·节温器与水泵 ·变速器机油冷却器			
发动机润滑系统	·润滑系统的功能与组成 ·润滑剂 ·机油泵 ·机油滤清器 ·机油冷却器	"润滑剂"是人际关系、国际关系等各种关系不可缺少的"连接"	·和谐发展	·讲授法 ·案例教学
发动机点火系统	·概述 ·传统点火系统的组成与工作原理 ·点火时刻 ·电子点火系统的组成与工作原理			
发动机启动系统	·发动机启动系统结构 ·发动机启动方式 ·起动机结构与功能			
汽车传动系统概述	·传动系统的功能与布置方案	将各个部件之间的配合关联团结协作精神	·系统观念 ·团结协作	·讲授法 ·案例教学
离合器	·离合器的基本功用与工作原理 ·周布弹簧离合器 ·中央弹簧离合器 ·膜片弹簧离合器 ·人力式、气压式操纵机构			
变速器	·变速器的变速传动机构 ·变速器操纵机构	变速器操纵机构的安全设置要求,反映科学技术的严谨性与对人身安全的重视	·人文关怀	·讲授法 ·案例教学
液力机械传动和机械式无级变速器	·液力机械传动 ·机械式无级变速器	通过介绍变速器技术的发展历程,培养学生的创新意识	·创新精神	·讲授法 ·案例教学
万向传动装置	·万向传动装置的应用 ·万向节 ·传动轴和中间支撑	通过介绍万向节的运动传递原理,讲述社会和谐的必要性	·和谐发展	·讲授法 ·案例教学

续表

课程章节	知识点	课程思政教学要点	思政维度	教学方法
驱动桥	·主减速器 ·差速器 ·半轴与桥壳			
车桥和车轮	·车桥 ·车轮定位 ·车轮与轮胎	一汽大众速腾召回事件，培养学生的诚信社会主义核心价值观	·价值观	·讲授法 ·案例教学
悬架	·悬架的功用与组成 ·减振器 ·弹性元件 ·非独立悬架 ·独立悬架	通过介绍自主品牌悬架的开发经历，培养学生的责任感和爱国情怀	·家国情怀	·讲授法 ·案例教学
汽车转向系统	·转向系统的类型与组成 ·转向器及转向操纵机构 ·转向传动机构	转向操纵机构的压溃功能要求，映射珍爱生命主题	·人文关怀	·讲授法 ·案例教学
汽车制动系统	·制动系统的结构组成与工作原理 ·制动器的结构类型及其优缺点	制动系统召回事件，培养学生的诚信社会主义核心价值观	·价值观	·讲授法 ·案例教学 ·互动交流
汽车车身、仪表、照明及附属装置	·车身壳体、车门及其附件 ·汽车仪表与照明装置 ·信号装置的结构特征	通过介绍自主品牌汽车的发展过程，激发学生的民族自豪感	·家国情怀	·讲授法 ·案例教学

1.4 学情分析

本班大多数学生学习热情较高，他们渴求对专业知识的掌握和应用，特别关注汽车新结构和新技术的发展。学生上课注意力集中，对课程表现出了较高的学习兴趣，课间时常会与教师讨论问题。学生都能按时完成作业，而且绝大多数学生的作业完成质量很好。本班学生对教师的授课方式很满意。

1.5 典型教学案例

1.5.1 发动机的工作原理与分类

1. 教学目标

（1）知识目标

本节的主要知识点包括四冲程发动机的工作原理、二冲程发动机的工作原理、发动机的总体构造和发动机的性能指标与特性。其中教学重点为发动机的结构、工作原理以及性能指标，教学难点是发动机的循环过程与示功图。

（2）能力目标

要求学生掌握四冲程汽油机、柴油机的工作原理与示功图，掌握发动机的总体构造、各组成部分的功用，了解二冲程发动机与四冲程发动机的比较，掌握发动机的性能指标（包括动力性能指标、经济性能指标、运转性能指标）与发动机的分类。

（3）价值目标

在教学过程中激发学生的学习热情，引导学生通过努力学习成为国之栋梁，推动"中国制造"加速向"中国创造"迈进，推动中国制造走向全球，提升国产品牌国际影响力。让学生了解我国在互联网、大数据、5G 等技术方面具有领先优势，国家大力发展新能源汽车，就是要抓住历史机遇，抢占制高点，实现我国由汽车大国向汽车强国转变的目标。

2. 教学手段与方法

教学手段：实物教具、仿真视频、多媒体课件相结合。

教学方法：课堂讲授（讲授法）+对比分析+案例教学+互动交流。

3. 课程思政元素分析

结合我国高技术发展现状和在发动机燃烧方面所取得的成就，介绍 2020 年 9 月全球首款突破 50%热效率的商业化柴油机在潍柴面世——目前世界上热效率最高的柴油发动机。讲述 2020 "齐鲁最美科技工作者"谭旭光的先进事迹，强化学生科学态度、创新精神、危机意识和家国情怀的培养。引导学生理解个人的发展要与国家的需求相结合，才能成就人生的辉煌。结合我国能源需求的增长，引入我国经济发展与能源结构的特点。结合世界能源需求的增长，简要说明 1990—2030 年世界能源的需求。通过能源需求增长，向学生直观地展示近年来我国能源结构特点及增长模式。结合石油紧缺状况对国家经济和政治安全的影响，培养学生能源危机意识和节能意识。

思政切入点：

① 潍柴动力股份有限公司于 2020 年正式发布了全球首款突破 50%热效率的商业化柴油机。从世界上第一台柴油机诞生到现在的 100 多年，柴油机的热效率一直难以突破 46%。有业内人士形容，如果提升至 50%，就"犹如人类史上首次百米跑跑进 10 秒"。目前，中国企业终于领先突破了这一大关。

② 以目前 46%的行业平均热效率水平估算，热效率提升至 50%，燃油消耗将降低 8%，二氧化碳排放减少 8%，按照目前国内重型柴油机市场保有量 700 万台估算，如果全部替换为 50%热效率的柴油机，每年大概可节约燃油 3332 万吨，减少二氧化碳排放 1 亿零 495 万吨。思考柴油机热效率从 46%提升至 50%对经济性和排放性有哪些影响。

4. 教学内容分析

（1）教学内容
① 发动机的分类。
② 四冲程发动机的工作原理。
③ 二冲程发动机的工作原理。
④ 发动机的总体构造。

（2）教学重点
发动机的结构、工作原理以及性能指标。

（3）教学难点
发动机的循环过程与示功图。

5. 教学过程

教学环节	教学内容	师生活动	设计意图
课程引入（5分钟）	（1）世界能源需求 结合图1.1与图1.2，引入我国经济发展与能源结构特点 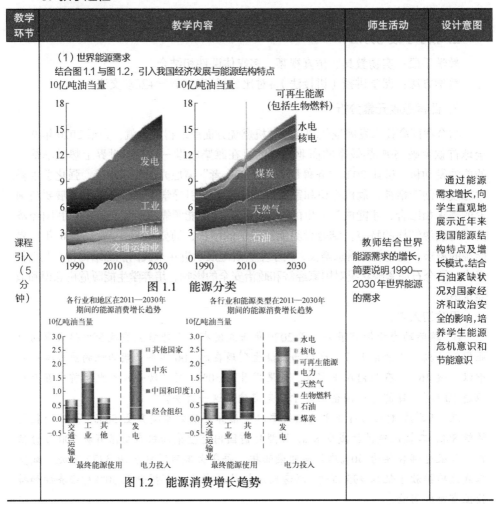 图1.1 能源分类 图1.2 能源消费增长趋势	教师结合世界能源需求的增长，简要说明1990—2030年世界能源的需求	通过能源需求增长，向学生直观地展示近年来我国能源结构特点及增长模式，结合石油紧缺状况对国家经济和政治安全的影响，培养学生能源危机意识和节能意识

续表

教学环节	教学内容	师生活动	设计意图
讲授新知（10分钟）	（2）我国紧迫的能源环境 介绍石油在能源和国内生产总值（成本）中所占百分比（图1.3），以及石油在我国经济中的支柱作用 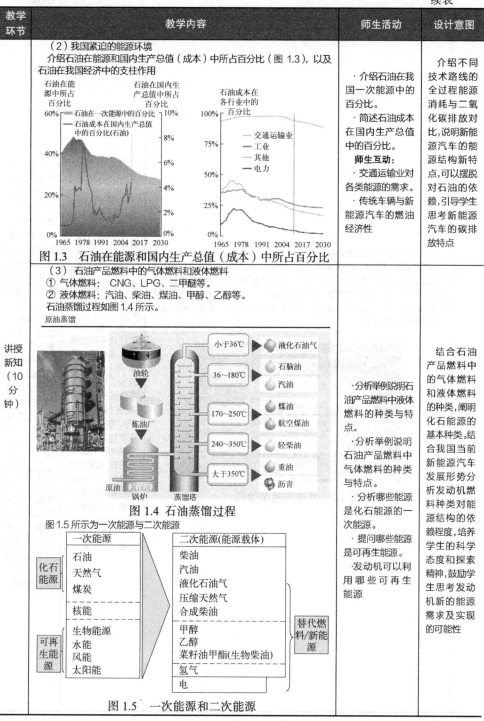 图1.3 石油在能源和国内生产总值（成本）中所占百分比 （3）石油产品燃料中的气体燃料和液体燃料 ① 气体燃料：CNG、LPG、二甲醚等。 ② 液体燃料：汽油、柴油、煤油、甲醇、乙醇等。 石油蒸馏过程如图1.4所示。 图1.4 石油蒸馏过程 图1.5所示为一次能源与二次能源 图1.5 一次能源和二次能源	·介绍石油在我国一次能源中的百分比。 ·简述石油成本在国内生产总值中的百分比。 **师生互动：** ·交通运输业对各类能源的需求。 ·传统车辆与新能源汽车的燃油经济性 ·分析举例说明石油产品燃料中液体燃料的种类与特点。 ·分析举例说明石油产品燃料中气体燃料的种类与特点。 ·分析哪些能源是化石能源的一次能源。 ·提问哪些能源是可再生能源。 ·发动机可以利用哪些可再生能源	介绍不同技术路线的全过程能源消耗与二氧化碳排放对比，说明新能源汽车的能源结构新特点，可以摆脱对石油的依赖，引导学生思考新能源汽车的碳排放特点 结合石油产品燃料中的气体燃料和液体燃料的种类，阐明化石能源的基本种类。结合我国当前新能源汽车发展形势分析发动机燃料种类对能源结构的依赖程度，培养学生的科学态度和探索精神，鼓励学生思考发动机新的能源需求及实现的可能性

续表

教学环节	教学内容	师生活动	设计意图
讲授新知（10分钟）	（4）突破50%热效率的柴油机 　　2020年9月16日，潍柴动力股份有限公司正式发布了全球首款突破50%热效率的商业化柴油机（图1.6）。从世界上第一台柴油机诞生到现在的100多年，柴油机的热效率一直难以突破46%。有业内人士形容，如果提升至50%，就"犹如人类史上首次百米跑进10秒"。目前，中国企业终于领先突破这一关 图1.6　潍柴高效柴油机	·观看《经济半小时》对潍柴科技工作者采访的短视频。 ·思考柴油机热效率从46%提升至50%对经济性和排放性有哪些影响。 ·以目前46%的行业平均热效率水平估算，热效率提升至50%，燃油消耗将降低8%，二氧化碳排放减少8%，按照目前国内重型柴油机市场保有量700万台估算，如果全部替换为50%热效率的柴油机，每年大概可节约燃油3332万吨，减少二氧化碳排放1亿零495万吨	·通过国产柴油机新技术的突破与科技工作者先进事迹的讲解，激发学生在日后工作中应心无旁骛攻主业，坚持科技引领、创新驱动，推动"中国制造"加速向"中国创造"迈进。 ·坚持将科技创新作为企业发展的第一动力，将关键核心技术牢牢掌握在自己手中，构建起"自主创新+开放创新+工匠创新+基础研究创新"四位一体的科技创新体系

教学环节	教学内容	师生活动	设计意图
讲授新知（10分钟）	（5）内燃机与外燃机对比 外燃机体积大，质量大，热效率低，如图 1.7 所示；内燃机热效率高，体积小，质量小，便于移动，启动性能好 图 1.7　外燃机 图 1.8　内燃机		讲解内燃机（图 1.8）功率大，转速高，质量小（没有往复运动件，单位功率质量小），转矩特性好（减少变速器挡数），燃料适应性好，启动性好，但耗油量、噪声和制造成本均较高，适用于坦克发动机与航空、舰船发电机组等
讲授新知（20分钟）	（6）汽车发动机的分类 按活塞运动方式分为往复式发动机和转子发动机，如图 1.9 与图 1.10 所示。转子发动机采用三角转子旋转运动来控制压缩和排气，与传统的往复式发动机的活塞运动迥然不同。 转子发动机取消了无用的直线运动，因而与活塞往复发动机相比，转子发动机尺寸较小，质量较小，振动小，噪声较小，具有较大优势。三角转子把气缸分成三个独立空间，三个空间各自先后完成进气、压缩、做功和排气。三角转子自转一周，发动机点火做功三次。然而，转子发动机存在气密性、润滑和磨损等一系列技术难题 图 1.9　往复式发动机　　图 1.10　转子发动机		三角转子旋转式发动机（简称转子发动机）于 1958 年由德国工程师汪克尔发明，德国 NSU 公司于 1964 年将转子发动机安装在轿车上，日本东洋工业从 1967 年成批生产至今

续表

教学环节	教学内容	师生活动	设计意图
讲授新知（20分钟）	按点火方式分为点燃式发动机（如汽油机、气体燃料发动机）和压燃式发动机（如柴油机）。 按所用燃料分为汽油机、柴油机、气体燃料发动机、煤气机、液化石油气发动机、氢气发动机等。 按冷却方式分为水冷发动机和风冷发动机。 按进气状态分为自然吸气式发动机（非增压式发动机）和强制吸气式发动机（增压式发动机）。 按冲程数分为四冲程发动机和二冲程发动机。 按气缸中心线与水平面所呈的角度分为立式发动机、斜置式发动机、卧式发动机。 按气缸数分为单缸发动机与多缸发动机，其中多缸发动机依据气缸排列形式分为直列式发动机、对置式发动机和V形发动机，如图1.11所示。 L 4 2.4L　　　　V 6 3.0L 直列(LINE) 4缸 排气量　　V形排列 6缸 排气量 (a) 直列式发动机　(b) V形发动机　(c) 对置式发动机 图1.11　多缸发动机气缸排列形式	·汽油自燃温度高，采用火花塞强制点火，汽油机为点燃式发动机。柴油自燃温度低，采用高压缩比压燃，柴油机为压燃式发动机。 ·二冲程发动机曲轴旋转一周完成一个工作循环。由于换气不彻底，经济性较差，但结构简单，因此二冲程发动机在摩托车上广泛使用。四冲程发动机曲轴旋转两周完成一个工作循环，换气过程得到改善，得到广泛应用。	
讲授新知（10分钟）	（7）发动机基本概念 工作循环：由进气、压缩、做功、排气四个工作过程组成的封闭过程。 上止点：活塞顶面离曲轴中心最远时的止点，如图1.12所示。 下止点：活塞顶面离曲轴中心最近时的止点。 活塞行程(S)：上、下两止点间的距离(mm)。 曲轴半径(R)：曲轴与连杆下端连接中心到曲轴中心的距离。曲轴每转一转，活塞移动两个行程，所以$S=2R$。 气缸工作容积(V_s)：一个气缸中活塞运动一个行程所扫过的容积（L）。 图1.12　发动机结构模型	·通过讲授与互动讨论，明确气缸工作容积V_s、气缸总容积V_a、燃烧室容积V_c和发动机排量V_L的物理意义以及各参数之间的关系。 ·掌握示功图的定义：气缸内压力随气缸容积或曲轴转角的变化曲线，称为示功图（p-V图和p-φ图）。	

续表

教学环节	教学内容	师生活动	设计意图
讲授新知（20分钟）	（8）发动机工作循环 四冲程汽油机在四个活塞行程内完成进气、压缩、做功和排气四个过程，即在一个活塞行程内只进行一个过程，因此活塞行程可分别用四个过程命名。 四冲程柴油机每个工作循环包含进气、压缩、做功、排气四个行程，相应地曲轴旋转两周。柴油的黏度比汽油大，不易蒸发，不可能用气缸外部的化油器进行雾化，因此不能采用在气缸外部形成可燃混合气的方法，唯有在高温、高压的气缸内采用高压喷射方式将柴油在很短的时间内完全雾化。 柴油的自燃温度比汽油低，因此，柴油机的点火方式可采用自燃（压燃）方式，与汽油机的点燃方式不同（否则会产生爆炸性燃烧，使柴油机工作粗暴）。柴油机压缩比较大（16~22），压缩终了压力可达 3.5~4.5MPa，温度高达 750~1000K，大大超过柴油的自燃温度，故柴油以高压(10MPa 以上) 喷入气缸后，在很短时间内与空气混合后便自行点火燃烧，最大爆发压力可达 6~9MPa，最高燃气温度可达 2000~2500K。 (a) 进气行程 (b) 压缩行程 (c) 做功行程 (d) 排气行程 图 1.13　四冲程汽油机示功图	·进气行程：进气门开启，排气门关闭。活塞由上止点向下止点运动。作用：将汽油与空气的混合气吸入气缸，为燃烧做准备。 ·压缩行程：进气门、排气门均关闭，活塞由下止点向上止点运动，压缩气缸内混合气。 ·ε（压缩比）越大，压缩终了时气缸内的气体压力和温度越高，燃烧速度越快，发动机动力性和经济性越好；过大，易引起不正常燃烧（爆燃、表面点火）。 ·做功行程：进气门、排气门均关闭。活塞接近上止点时，火花塞发出电火花，点燃气缸内的混合气。高温、高压燃气推动活塞由上止点向下止点运动，推动曲轴旋转。 ·排气行程：当膨胀接近终了时，排气门开启，自由排气；活塞越过下止点向上运动时，强制排气。 四冲程汽油机一个工作循环包含进气、压缩、做功和排气四个行程，活塞上下往复运动四次，曲轴旋转两周	通过四冲程汽油机示功图（图1.13）向学生直观展示气缸内气体压力的变化历程，有助于深入理解和掌握发动机的工作状况
课堂小结（5分钟）	课程主要知识点： ·发动机的分类。 ·四冲程发动机的工作原理。 ·二冲程发动机的工作原理。 ·发动机的总体构造	简要总结课程核心知识点	通过对知识点的梳理，加深对知识点的掌握

6. 教学效果分析与反思

（1）教学效果

① 结合近几年我国的科技发展，引入我国在汽车行业发展方面的优势。介绍我国汽车行业的领先技术，如长城、上汽大众和比亚迪等汽车企业在汽车领域中的创新技术，有些技术已经处于世界领先水平。

② 结合我国在互联网、大数据、5G等方面具有的领先优势，简要说明我国在汽车发展方面的机遇。介绍近几年我国汽车行业的新技术，简述"十四五"规划中汽车技术的突破重点。通过师生互动问题，讨论目前汽车行业存在的技术难题和提高发动机效率的可能方法，讨论发动机技术对汽车燃油经济性的影响。

③ 讲解我国紧迫的能源环境，讨论传统车辆及新能源汽车的燃油经济性。介绍不同技术路线的全过程能源消耗与二氧化碳排放对比，说明新能源汽车的能源结构新特点（可以摆脱对石油的依赖），引导学生思考新能源汽车的碳排放特点。

（2）教学反思

① 通过我国新科技的发展向学生直观地展示我国在科技发展方面具有的优势和机遇。结合科技的发展对国家和人民生活的影响，引导学生积极投身于国家科技强国的事业中。介绍我国汽油机技术并和国外技术对比，说明我国技术的优势及产业化水平（在一定程度上能够进行量产），引导学生对国家科学技术发展的重视。

② 通过讲解国产柴油机新技术的突破与科技工作者先进事迹，引导学生在日后工作中心无旁骛攻主业，坚持科技引领、创新驱动，推动"中国制造"加速向"中国创造"迈进。坚持将科技创新作为企业发展的第一动力，将关键核心技术牢牢掌握在自己手中，构建起"自主创新+开放创新+工匠创新+基础研究创新"四位一体的科技创新体系。

③ 注重提升教师自身理论素养和育人能力，加强教育教学改革和实践探索，进一步提升课程教学效果。

1.5.2 汽车制动系统

1. 教学目标

（1）知识目标

熟悉汽车制动系统的基本结构与工作原理，掌握制动器的分类和性能特点。

（2）能力目标

结合所学知识，能够分析制动器的工作原理以及正确识别制动器类型。

（3）价值目标

制动系统属于汽车的主动安全系统，结合工程实践中常见故障现象分析其危害性，帮助学生树立诚信和担当精神。

2. 教学手段与方法

教学手段：实物教具、动画视频、多媒体课件相结合。

教学方法：课堂讲授+案例教学+互动交流。

3. 课程思政元素分析

在制动管路中，任何一个环节的微小渗漏都会导致制动效能严重降低甚至刹不住车，带来严重后果。在工程实践中，除了制动液渗漏导致的故障以外，盘式制动器使用中常由于滑动导向销生锈导致制动卡滞。

思政切入点：

汽车存在问题在所难免，但是如果涉及安全问题，厂家绝不能置之不理。近些年来，随着汽车市场竞争的激烈化，各大汽车公司都能对存在安全隐患的车辆及时召回，这种诚信担当精神无疑是对其品牌的正面宣传，从而更加坚定了消费者对其品牌的认可。

当然，汽车行业也存在诚信问题，如大众汽车的"排放门"事件。2015年9月18日，美国环境保护署指控大众汽车生产的多款柴油型汽车安装了专门应对尾气排放检测的软件，可以识别汽车是否处于被检测状态，继而在车检时秘密启动，从而使汽车能够在车检时以"高环保标准"过关，而在平时行驶时这些汽车的排放指标最大可达美国法定标准的40倍。违规排放涉及的车款包括2008年之后销售的捷达、甲壳虫、高尔夫、奥迪A3以及2014、2015款帕萨特。根据美国《清洁空气法》的规定，每辆违规排放的汽车处以最高3.75万美元的罚款，总额可高达180亿美元。2018年6月13日，针对大众汽车引发的"排放门"事件，德国布伦瑞克检方对大众汽车做出了10亿欧元的罚款令。2020年4月6日，英国高等法院裁定，德国大众汽车利用"作弊软件"让柴油车尾气排放"符合"欧盟排放标准的行为违法。

至2019年12月11日，大众汽车因"排放门"付出的经济成本高达300亿欧元，其为诚信问题付出了惨痛的经济损失和严重的声誉损失。

诚信是社会主义核心价值观之一，人无信不立，家无信必衰，国无信必危。

诚信像一面镜子，一旦打破，你的人品就会出现裂痕，人生之路将会越走越难。

4. 教学内容分析

（1）教学内容

① 制动系统的结构组成与工作原理。

② 制动器的结构类型及其优缺点。

（2）教学重点

制动器的结构类型及其优缺点。

（3）教学难点

制动器间隙自调整功能。

5. 教学过程

教学环节	教学内容	师生活动	设计意图
讲授新知（15分钟）	（1）制动系统的总体结构（图1.14） 图1.14　汽车制动系统总体结构	教师介绍制动系统的结构组成，启发学生思考常见车型的制动器类型以及制动液压管路的连通情况	通过图片向学生直观地展示制动器的结构，通过互动吸引学生的注意力，激发学生的探究兴趣
讲授新知（10分钟）	（2）制动系统的工作原理（图1.15） 图1.15　制动系统工作原理图	·教师介绍制动系统工作原理，强调在制动管路中，任何一个环节的微小渗漏都会带来制动失效的严重后果。 ·引入工程案例：近些年来，不断出现某些品牌的汽车制动液渗漏问题的报道。引起渗漏的原因有制动主缸活塞连杆密封环性能差、制动系统油管接头松动等。制动主缸的主要组成部件有弹簧、活塞、活塞连杆、密封环等。本田2005—2007年款的讴歌（Acura）RL和本田（Honda）美版奥德赛（Odyssey）的制动主缸存在缺陷，在更换车辆制动液后，活塞连杆密封环变软，并发生部分密封面扭曲变形，导致制动液渗漏，制动系统管路进入空气，引起制动力下降，存在安全隐患。发现问题后，本田公司本着诚信精神，自2010年10月21日起召回了问题车辆，并对所有召回车辆免费更换橡胶硬度提高的制动主缸活塞连杆密封环	通过互动，一方面让学生记住知识点，一方面对企业的诚信和担当精神进行评论

续表

教学环节	教学内容	师生活动	设计意图
讲授新知（15分钟）	（3）盘式制动器的结构（图1.16） 制动盘　制动钳　导向销　制动块 图1.16　盘式制动器	·介绍盘式制动器的结构、分类及其优缺点。盘式制动器使用中时常由于滑动导向销生锈导致制动卡滞。盘式制动器主要包括制动盘、制动块、制动钳、导向销等。 ·引入工程案例：丰田公司2005年2月21日至2006年12月31日期间生产的71840辆皇冠（CROWN）轿车，以及2005年10月18日至2006年12月31日期间生产的62394辆锐志（REIZ）轿车，由于后轮制动钳的滑动导向销防尘罩内部进水，使得防尘罩的安装部位及滑动导向销生锈，影响制动钳的制动性能，影响行车安全。丰田公司本着诚信精神对召回范围内的车辆的后轮制动钳的导向销的防尘罩进行了免费更换。如果制动钳导向销锈蚀严重，则免费更换新的制动钳总成	通过互动，一方面让学生记住知识点，一方面对企业的诚信和担当精神进行评论，召回事件反而给企业带来了正面影响。然后引入诚信问题案，例如大众汽车的"排放门"事件给企业带来巨大损失，启发学生树立担当和诚信精神
作业布置	简答题	围绕课程知识点布置课后作业题目	通过作业训练，进一步巩固课堂所学知识点

6. 教学效果分析与反思

（1）教学效果

① 多媒体课件、实物教具、动画视频等相结合，在加深学生对知识点理解和掌握的同时，给予学生适当的人文关怀，引导学生形成正确的价值观，培养学生积极向上的生活态度，培养学生的诚信和担当精神，提升学生的综合素养。

② 师生互动积极，学生发言踊跃，教学效果良好，学生满意度高。

（2）教学反思

① 进一步加强实物教具、动画视频、多媒体课件等课程教学资源建设，为课程教学提供丰富的教学手段。

② 进一步深入挖掘凝练汽车行业发展过程中的育人元素，结合新时代背景下的汽车技术发展特点，以工程案例为载体，立德树人细无声。

1.5.3 汽车转向系统操纵机构

1. 教学目标

（1）知识目标

熟悉转向系统操纵机构（简称转向操纵机构）的基本结构、转向盘的自由行程的定义，掌握转向操纵机构的馈能的实现方法。

（2）能力目标

能够结合所学知识，形成转向操纵机构的设计思路。

（3）价值目标

分析转向操纵机构中必须具有的溃缩装置的意义，培养在工程开发中以人为本的最根本意识，铸就学生珍爱生命、积极向上的精神。

2. 教学手段与方法

教学手段：实物教具、动画视频、多媒体课件相结合。

教学方法：课堂讲授+案例教学+互动交流。

3. 课程思政元素分析

转向操纵机构中必须具有溃缩装置，要求转向盘、转向管柱与转向轴具有吸收撞击能量的能力，最大可能地避免或减轻驾驶员的二次伤害。

思政切入点：

转向操纵机构在设计上处处体现着以人为本、生命至上的理念。

著名作家毕淑敏说过：每个人都很重要！人是由无数星辰日月草木山川的精华汇聚而成的生命。人的生命端坐于概率垒就的金字塔的顶端，是万物之灵！

蝼蚁尚且偷生，为人更应珍惜生命。生命不只属于你自己，也属于爱你的每一个人！父母赋予了我们生命，大自然赐给了我们万物，祖国赐给了我们生活的力量！每个人都应该快快乐乐地享受人生的美好！人生只有一次，让我们以"真"为开始，以"善"为历程，以"美"为目标，为实现美好人生而努力奋斗吧！

4. 教学内容分析

（1）教学内容

① 转向操纵机构的组成。

② 转向操纵机构的馈能的实现方法。

（2）教学重点

转向操纵机构中溃缩装置的具体结构。

（3）教学难点

转向操纵机构中溃缩装置的具体结构认知。

5. 教学过程

教学环节	教学内容	师生活动	设计意图
讲授新知（10分钟）	（1）转向操纵机构的结构（图1.17） 图 1.17　东风EQ1090E型汽车转向操纵机构的结构	教师介绍转向操纵机构的结构组成，启发学生思考转向轴为什么分段	通过图片，向学生直观地展示转向操纵机构的结构；通过互动，吸引学生的注意力，激发学生探究的兴趣
讲授新知（5分钟）	（2）转向盘的结构（图1.18） 图 1.18　转向盘的结构	介绍转向盘结构组成时强调汽车碰撞时，转向盘骨架应该发生变形，以吸收碰撞的能量，减轻或避免对驾驶员胸部的伤害。启发学生思考为什么要变形，有安全气囊的保护是否还不够	通过互动，一方面让学生记住知识点，一方面形成"生命至上"的工程开发意识

教学环节	教学内容	师生活动	设计意图
讲授新知（5分钟）	（3）转向轴的结构案例（图1.19） 图 1.19　桑塔纳轿车转向盘与转向轴	发生撞击时，上、下转向轴凸缘盘的销子与销孔脱开，通过错位缓冲吸收冲击能量。这样可让转向操纵机构下沉，形成"生命保护空间"	通过互动，一方面让学生记住知识点，一方面形成"生命至上"的工程开发意识
讲授新知（5分钟）	（4）转向柱管的形式（图1.20、图1.21） 图1.20　网格状转向柱管　　图1.21　波纹管式转向柱管	要求在撞击发生时转向柱管或支架能够产生塑性变形。有些汽车转向柱管设计成网格或波纹管形状，可以通过压缩产生塑性变形以吸收冲击能量，实现对驾驶员生命的保护	通过互动，一方面让学生记住知识点，一方面形成"生命至上"的工程开发意识
作业布置	简答题： 转向操纵机构的馈能装置有哪些？它们是如何吸收碰撞能量的	围绕课程知识点布置课后作业题目	通过作业训练，进一步巩固课堂所学知识点

6. 教学效果分析与反思

（1）教学效果

① 多媒体课件、实物教具、动画视频等相结合，在加深学生对知识点理解和掌握的同时，给予学生适当的人文关怀，引导学生形成正确的价值观，培养学生积极向上的生活态度，培养学生的创新意识和担当精神，提升学生的综合素养。

② 师生互动积极，学生发言踊跃，教学效果良好，学生满意度高。

（2）教学反思

① 进一步加强实物教具、动画视频、多媒体课件等课程教学资源建设，为课程教学提供丰富的教学手段。

② 进一步深入挖掘凝练汽车行业发展过程中的育人元素，结合新时代背景下的汽车技术发展特点，以工程案例为载体，立德树人细无声。

1.5.4 电控汽油喷射系统

1. 教学目标

（1）知识目标

理解电控汽油喷射（电喷）系统的概念、类型，了解每种电控汽油喷射系统的优缺点，熟悉电控汽油喷射系统的原理与组成，掌握电控汽油喷射系统的关键部件的原理与系统集成，了解空燃比的反馈控制方法。

（2）能力目标

结合所学知识，能够理解量产发动机的电控汽油喷射系统的原理和构成，能够设计汽车发动机的电控汽油喷射系统。

（3）价值目标

分析电控汽油喷射系统对于改善汽车发动机燃油经济性和排放性能的重要性；结合我国汽车发动机电控汽油喷射系统核心零部件和算法基本被外资企业垄断的残酷现实，以菱电电控和华为等企业的自主创新为例，培养学生的责任心、科学态度、创新精神、挑战意识和家国情怀，让学生树立危机意识，努力拼搏，为提高我国汽车发动机电控技术的自主创新能力而努力奋斗。

2. 教学手段与方法

教学手段：实物教具、动画视频、多媒体课件相结合。

教学方法：课堂讲授+对比分析+案例教学+互动交流。

3. 课程思政元素分析

电控汽油喷射系统取代化油器是汽车发展史上具有划时代意义的创新变革事件，使汽车发动机控制水平产生了质的飞跃。当前主流的乘用车企业的汽油机电控汽油喷射系统基本被博世和德尔福等外资企业所垄断，国产电控汽油喷射系统的市场份额非常少，且所需的火花塞、喷油器等核心部件都需要从博世等电控汽油喷射系统巨头那里外购。面对国外汽车垄断企业的层层封锁，部分国内企业在汽车发动机电控汽油喷射系统的开发领域已经实现了从0到1的突破，并已经在少数车型上量产应用国产系统。但是，电控汽油喷射系统的关键核心零部件技术基本掌握在外资企业手中，需要外购。这要求我们居安思危，卧薪尝胆，砥砺前行，在汽车发动机电控核心部件和汽车芯片领域深耕，才能在将来的汽车电控领域不受制于人。

思政切入点：

① 紧密联系当前时代背景，培养学生家国情怀，树立学生辩证唯物思想。作为新时代的大学生，应努力学习科学文化知识，争做新时代的建设者，在面临国外的打压下实现国家与个人的双赢，将我国由"制造强国"变成"创造强国"，实现中华民族伟大复兴的中国梦。

② 联系当前我国所处的国际环境，了解美国对我国高科技领域进行疯狂打压，给我国的高技术发展带来了巨大挑战，但同时也激发了我国的自主创新热潮。结合我国电控汽油喷射系统生产企业实际案例，了解菱电电控刻苦攻关，成功开发出具有自主知识产权的发动机管理系统，实现了汽车动力电子控制系统的国产化。菱电电控成为国内仅有的两家获得汽油车国六B阶段车型公告的自主电控企业之一。

③ 因为没有掌握芯片核心技术和定价权，导致我国被发达国家半导体巨头"卡脖子"，芯片匮乏给我国各个行业上了一课。在面临"缺芯"的形势下，我们一定要培养危机意识，为我国汽车行业后续发展准备好充足的人力资源，不能放松学习。

④ 居安思危才能临危不乱。纵观全球，放眼世界，我们不难发现，在当今瞬息万变、万象更新的新世纪，充满了机遇与挑战。只有培养危机意识，才会知道为自己准备好充足的资源，在人生的每一个阶段都不松懈学习，从而获得丰富的科学文化知识和新的技能。如此，我们的未来便可充满希望，即便危机"风云变幻"，也能泰然处之，安然面对。

4. 教学内容分析

（1）教学内容

① 电控汽油喷射的基本概念和类型。
② 每种电控汽油喷射系统的优缺点。
③ 电控汽油喷射行业的发展现状和思政元素融入。
④ 电控汽油喷射系统的结构组成和工作原理。

（2）教学重点

电控汽油喷射系统的结构组成和结构原理、空燃比闭环反馈控制的主要部件与工作原理。

（3）教学难点

供油装置结构原理、缸内直喷技术燃烧系统、喷油策略与直喷策略、分层燃烧与均质燃烧。

5. 教学过程

教学环节	教学内容	师生活动	设计意图
课程引入（9分钟）	（1）电控汽油喷射系统的发展历史 · 20 世纪 30 年代奔驰 300SL 的机械式汽油喷射系统（K型）。 · 20 世纪 60 年代发展的机电组合式汽油喷射系统（KE型）。 · 20 世纪 60 年代后期博世开发的电控汽油喷射系统（EFI型） · 电控汽油喷射系统经历了晶体管、集成电路、微机处理三大发展进程	结合电控汽油喷射系统的发展历史让学生思索技术发展背后的科学技术进步	通过图片展示，吸引学生的注意力，激发学生的探究兴趣
	（2）电控汽油喷射系统的优缺点 · 从进气、燃烧、排气等方面介绍电控汽油喷射系统的优点。 · 从结构和成本角度介绍电控汽油喷射系统的缺点	· 从进气道分析提高效率的原因。 · 与化油器相比为何会减少油耗。 **师生互动：** · 减少排气污染的原因有哪些？减少了哪些有害物质的排放？ · 电控汽油喷射系统如何改善汽油发动机的加速性能	利用板书进行理论推导，阐明电控汽油喷射系统的工作原理，提升学生的知识运用能力
讲授新知（14分钟）	（3）电控汽油喷射产生的历史背景与发展历程 ➢ 电控汽油喷射产生的历史背景（光化学烟雾事件、第一次石油危机） · 结合两个事件，分析其对汽车发展的影响，阐明电控汽油喷射的必要性。 ➢ 电喷系统的发展历程与性能优势 · 通过菱电电控成功实现汽车动力电子控制系统的国产化，培养学生的家国情怀、创新意识、危机意识和探索精神。 · 引入案例："缺芯"给中国汽车企业上了一课。2021 年 5 月，中国汽车整体销量结束了一直保持的高增长态势，呈现负增长。根据中国汽车工业协会 2021 年公布的数据，2022 年 5 月，中国汽车产量为 204 万辆，销量为 212.8 万辆，增速为 -3.1%。其中，乘用车销量 164.6 万辆，同比减少 1.7%；商用车销量为 48.2 万辆，同比减少 7.4%。1~5 月，中国汽车生产量竟比销量少 25 万辆。而对于 2021 年出现的汽车销量下滑，"缺芯"成为重要因素。 我国不掌握核心技术和定价权，被发达国家半导体巨头"卡脖子"，芯片匮乏给中国各个行业狠狠地上了一课。	· 从事件的成因和社会影响分析电控汽油喷射的必要性。 · 从汽车电控汽油喷射系统核心零部件被外资垄断、汽车芯片（图 1.22）断供和华为海思的"备胎"计划，提高学生的危机意识，培养学生的科学态度、工匠精神和创新精神，同时塑造学生的家国情怀和培养学生的民族意识、社会责任感	结合背景分析，揭示危机的两面性，树立学生把握机遇、直面挑战的正确态度

续表

教学环节	教学内容	师生活动	设计意图
讲授新知（14分钟）	图1.22 汽车芯片 ➢ 华为海思启动"备胎"计划 2019年5月17日凌晨，华为旗下芯片公司海思半导体的总裁何庭波发布了一封给员工的内部信。何庭波在内部信中表示，海思将启用"备胎"计划。公司在多年前就有所预计，并在研究开发、业务连续性等方面进行了大量投入和充分准备，能够保障在极端情况下公司经营不受大的影响。为了兑现公司对客户承诺的服务，华为保密柜里的备胎芯片"全部转正"，这是历史的选择。 在华为，海思的定位是"一个重要系统"，是华为的长远战略投资	· 从事件的成因和社会影响分析电控汽油喷射的必要性； · 从汽车电控汽油喷射系统核心零部件被外资垄断、汽车芯片（图1.22）断供和华为海思的"备胎"计划，提高学生的危机意识，培养学生的科学态度、工匠精神和创新精神，同时塑造学生的家国情怀和培养学生的民族意识、社会责任感	结合背景分析，揭示危机的两面性，树立学生把握机遇、直面挑战的正确态度

教学环节	教学内容	师生活动	设计意图
讲授新知（7分钟）	（4）电控汽油喷射系统的分类 ·按照汽油喷射位置分为进气道喷射式、缸内直喷式。其中进气道喷射式又可分为单点喷射和多点喷射，如图1.23与图1.24所示。 图 1.23　单点喷射系统 图 1.24　多点喷射系统 ·按照喷射装置形式分为机械式（K型）、机电式（KE型）、电控式（EFI型）。 ·按照喷射方式分为异步喷射型和同步喷射型，其中同步喷射型还包含顺序喷射型、同时喷射型、分组喷射型。 ·按照空气流量测量方法分为直接测量型和间接测量型，其中间接测量型又分为绝对压力测量型和节气门开度测量型。 ·按照电子控制系统有无反馈信号分为开环控制系统和闭环控制系统	·通过图片对比，分析单点喷射系统与多点喷射系统的区别。对比分析三种喷射装置的结构的不同之处。 ·通过动画对比分析出顺序喷射、同时喷射和分组喷射时进、排气门以及各个气缸在工作时的状态差异	阐明电控汽油喷射系统的技术创新路径。通过案例分析，进行基本理论的工程应用训练

续表

教学环节	教学内容	师生活动	设计意图
讲授新知（5分钟）	（5）电控汽油喷射系统的结构组成（图1.25） ·结构：由空气供给系统、燃油供给系统、点火系统和电子控制系统组成。 ·功用：说明各个组成部分的作用 图1.25　电控汽油喷射系统的结构组成	结合图片，说明电控汽油喷射系统的总体结构与工作原理。 **师生互动：** 混合气浓度有哪些表示方法	从空气供给系统、燃油供给系统和电子控制系统的协作关系，启发学生的系统观念和团队合作意识
讲授新知（10分钟）	（6）空气供给系统的结构组成与工作原理 ·D型EFI空气供给系统。 ·L型空气供给系统。 ·空气滤清器。 ·节气门体。 ·进气管 图1.26　部分实物教具	结合图片、实物教具（图1.26）和视频，分析空气供给系统中主要部件的结构和工作原理	阐明空气供给系统的作用，分析各传感器的检测原理，训练学生的理论应用能力
讲授新知（10分钟）	（7）燃油供给系统的结构组成与工作原理 ➤ 燃油供给系统的结构组成与功用 组成：由电动燃油泵、燃油滤清器、燃油分配管、压力调节器与喷油器等组成。 图1.27　柴油供给系统的结构组成 ➤ 喷油器的流量特性分析	·结合图片、实物教具，分析燃油供给系统的结构（图1.27）和工作原理。 ·结合喷油量表达式，阐明压力调节器的作用。 ·阐明喷油器实际流量特性与理论曲线的差异	阐明燃油供给系统的工作原理、各个关键部件的协同工作关系和喷油量的调节方法，提升学生的理论应用能力

续表

教学环节	教学内容	师生活动	设计意图
讲授新知（20分钟）	（8）电子控制系统的结构组成与工作原理 组成：由传感器、电子控制单元、执行器组成（图1.28）。 ➤ 传感器 ·曲轴位置传感器。 ·氧传感器。 ➤ 电子控制单元。 ·主要功能。 ·控制软件。 ·燃油喷射控制过程。 ➤ 执行器 由喷油器、点火线圈、汽油泵、电子节气门、EGR 阀等组成 图 1.28　电子控制系统的结构组成	·结合图片与视频，分析相关传感器的结构和工作原理。 ·分析 ECU 功能、控制软件以及喷油正时、喷油量、断油等汽油喷射控制过程	结合实际案例，阐明电子控制系统的工作过程和控制方法，加强控制逻辑和控制策略训练，提高学生解决复杂工程问题的能力
讲授新知（20分钟）	（9）缸内直喷技术 ·缸内直喷技术概述。缸内直喷系统如图 1.29 所示。 直喷发动机的喷油嘴可以直接将燃油喷入燃烧室 图 1.29　缸内直喷系统 ·缸内直喷技术优缺点。 ·缸内直喷汽油机开发的关键技术。 ·燃油供给系统与喷雾、进气匹配开发的内容与方法。 缸内燃烧过程如图 1.30 所示	·结合图片分析缸内直喷技术与进气道喷射技术的区别。 ·通过 PFI 与 TDI 的区别，阐述缸内直喷技术的优缺点。 ·简要讲述缸内直喷系统对燃油供给系统、喷油系统和空气供给系统的匹配和控制策略	从新技术角度出发并结合技术发展背景向学生讲述技术的开发过程，同时增强学生对技术的探索能力

续表

教学环节	教学内容	师生活动	设计意图
讲授新知（20分钟）	图 1.30 喷雾燃烧过程	·结合图片分析缸内直喷技术与进气道喷射技术的区别。 ·通过 PFI 与 TDI 的区别，阐述缸内直喷技术的优缺点。 ·简要讲述缸内直喷系统对燃油供给系统、喷油系统和空气供给系统的匹配和控制策略	从新技术角度出发并结合技术发展背景向学生讲述技术的开发过程，同时增强学生对于技术的探索能力
课堂小结（5分钟）	课程主要知识点： ➢ 电控汽油喷射系统的分类 ·单点喷射系统、多点喷射系统。 ·机械式、机电式、电控式。 ·顺序喷射型、同时喷射型、分组喷射型。 ·直接测量型、间接测量型。 ·开环控制系统、闭环控制系统。 ➢ 电控汽油喷射系统的基本组成 ·空气供给系统。 ·燃油供给系统。 ·点火系统。 ·电子控制系统。 ➢ 空气供给系统的结构组成与工作原理 ➢ 燃油供给系统的结构组成与工作原理 ➢ 电子控制系统的结构组成与工作原理 ·传感器。 ·电子控制单元。 ·执行器。 ➢ 缸内直喷技术	简要总结课程核心知识点	梳理课程知识点，加深学生对知识点的掌握
作业布置	简答题： ① 什么是无效喷油时间？ECU 是如何对无效喷油时间进行修正的？ ② 启动后同步喷射的基本喷油持续时间是如何确定的？ 分析题： ① 我国汽车电控技术取得了哪些进步？在发展过程中遇到了哪些瓶颈？该如何改进？ ② 面对半导体"缺芯"，中国汽车行业未来的出路在哪里	围绕课程知识点和价值引领布置课后作业	通过作业训练，巩固课堂所学知识点

6. 教学效果分析与反思

（1）教学效果

① 紧密联系当前时代背景，培养学生家国情怀，树立辩证唯物思想。作为新时代大学生，应努力学习科学文化知识，争做新时代的建设者，将我国由"制造强国"变成"创造强国"，实现中华民族伟大复兴的中国梦。

② 联系当前我国所处的国际环境，结合我国电控汽油喷射系统生产企业实际案例，了解菱电电控刻苦攻关，成功开发出具有自主知识产权的发动机管理系统，实现了汽车动力电子控制系统的国产化。菱电电控成为国内仅有的两家获得汽油车国六 B 阶段车型公告的自主电控企业之一。

③ 在汽车行业面临"缺芯"的形势下，我们一定要培养危机意识，为我国汽车行业后续发展准备好充足的人力资源，不能放松学习。

④ 师生互动积极，学生发言踊跃，学生满意度高，教学效果良好。

（2）教学反思

① 课程的教学重点是汽车发动机电控汽油喷射系统的原理、组成和应用开发。其中，电控汽油喷射系统的原理和空燃比闭环反馈控制是课程的难点。在教学过程中有机结合思政案例，通过课堂讲授、案例教学、演绎法、多媒体教学、对比分析等提高学生的学习热情。

② 通过国产发动机管理系统的突破和汽车行业的"缺芯"危机让学生了解汽车动力系统管理技术及其关键核心零部件的研究开发对汽车行业的重要意义。

③ 通过思政设计让学生明白，虽然国内企业如菱电电控在发动机管理系统方面取得了重要突破，但是发动机管理系统的关键核心零部件仍然依赖外资企业。结合汽车"缺芯"事件以及华为海思的"备胎"计划向学生说明，我们一定要居安思危，一定要有危机预见能力，提早准备，才能在日益残酷的国际科技竞争中立于不败之地。

④ 通过本课程思政案例的学习，要求当代大学生立下远大的理想和抱负，努力学习，锐意进取，为我国汽车行业由大变强而努力奋斗。

1.5.5　智能汽车技术架构

1. 教学目标

（1）知识目标

熟悉智能汽车的关键技术架构，包含以发动机为动力的传统汽车以及新能源汽车。掌握智能汽车传感、决策、执行等关键技术的含义以及它们之间的逻辑关系。

（2）能力目标

通过对所学知识的理解，使学生能够通过自主学习，深入理解智能汽车传感、决策、执行等关键技术的内涵以及前沿发展趋势。

（3）价值目标

通过阐明智能汽车关键技术内涵以及我国智能汽车发展的机遇与挑战，强化对学生科学态度、创新精神、机遇与挑战意识、科技强国的家国情怀的培养。

2. 教学手段与方法

教学手段：动画视频、多媒体课件相结合。

教学方法：课堂讲授+案例教学+互动交流。

3. 课程思政元素分析

智能汽车就是在一般车辆上增加了先进的传感器（如雷达、摄像头等）、控制器、执行器等装置，通过车载环境感知系统和信息终端，实现人、车、路等的信息交换，使汽车具备环境感知能力，能够自动分析汽车行驶的安全与危险状态，并使汽车按照人的意愿到达目的地，最终实现替代人来操作的目的的汽车。

课程内容为智能汽车概述部分，主要介绍智能网联汽车技术架构等。要求学生了解新能源汽车创新技术的发展趋势、我国智能汽车的发展现状和挑战，激发学生科技创新的使命感和科技强国的家国情怀。

2020年2月，国家发改委等11个国家部委联合印发《智能汽车创新发展战略》，提出以发展中国标准智能汽车为主攻方向，以建设智能汽车强国为主要目标，以及构建协同开放的智能汽车技术创新体系、跨界融合的智能汽车产业生态体系、先进完备的智能汽车基础设施体系、系统完善的智能汽车法规标准体系、科学规范的智能汽车产品监管体系、全面高效的智能汽车网络安全体系共六大战略任务，对我国智能网联汽车未来发展做出了全面部署和系统谋划。《智能汽车创新发展战略》是加快建设智能网联汽车产业的"独立宣言"，指明未来我国智能汽车科技强国的发展方向。

在课程教学过程中，将紧扣科技强国的指导思想，基于产出导向的理念（OBE理念），在课堂环节中充分利用线上与线下融合的教学方式进行教学。以智能汽车技术架构为核心内容构建教学内容和微课小视频，加强学生对智能汽车的认识，增强学生对课程的参与度，调动学生参与课堂的积极性。通过对智能汽车技术架构的介绍，激发学生科技创新的使命感；通过对我国智能汽车发展现状和挑战的介绍，激发学生科技强国的家国情怀，为学生的奋斗注入更多、更强的源动力。以灵活、轻松、互动的方式，实现德育与知识的有机结合，推进课堂德育的展开，提升课程内容的教授水平，达到课程思政润物细无声的理想效果。

思政切入点：

紧密结合汽车产业的巨大变革，以发展我国标准智能汽车的主攻方向和建设智能汽车强国的主要目标为背景，阐明智能汽车关键技术的架构和发展现状，以及我国智能汽车的发展现状和挑战，启发学生对我国智能汽车产业建立清晰和客观的认识，激发学生勇担科技创新使命、怀揣科技强国情怀，为实现我国汽车强国梦贡献力量。

4. 教学内容分析

（1）教学内容

① 智能汽车的技术架构。

② 环境感知。

③ 决策规划。

④ 控制执行。

（2）教学重点

智能汽车技术架构的三大模块的内涵。

（3）教学难点

机器视觉技术、机器视觉识别技术、线控技术的含义以及前沿发展趋势。

5. 教学过程

教学环节	教学内容	师生活动	设计意图
课程引入（10分钟）	（1）未来出行 通过概念视频，引入对未来出行的猜想（图1.31） 图1.31 未来出行概念视频截图	结合未来出行的概念视频，讨论交流未来出行的特点	通过观看未来出行的概念视频，使学生对智能汽车有直观认识，激发学生的创新意识
	（2）智能汽车的技术架构（图1.32） 智能网联汽车的概念，以及要实现智能网联必须具备的关键技术。 智能网联汽车是指车联网与智能车有机联合，最终替代人来操作的汽车。智能网联汽车搭载了先进的车载传感器、控制器、执行器等装置，融合了现代通信与网络技术，实现了车与人、路、后台等的智能信息交换共享，具有安全、舒适、节能、高效的特点 图1.32 智能汽车的技术架构	·解释智能网联汽车概念。 ·阐明智能网联汽车技术架构。 师生互动： ·智能网联汽车关键技术的拟人化讨论。 ·关键技术实现的硬件条件可能有哪些	通过观看目前智能网联汽车的工程化短视频，快速了解智能网联汽车关键技术的内涵

续表

教学环节	教学内容	师生活动	设计意图
讲授新知（20分钟）	（3）环境感知 ➤ 先进传感技术（图1.33） · 超声波雷达。 · 激光雷达。 · 毫米波雷达。 图1.33 先进传感技术的应用 ➤ 机器视觉技术（图1.34） · 光学图像传感器。 · 视觉传感器。 图1.34 机器视觉技术的应用 ➤ 机器视觉识别技术（图1.35） · 图像识别技术。 · 车辆识别技术。 · 车道识别技术。 · 行人识别技术。 (a)　(b) (c)　(d) 图1.35 机器视觉识别技术的应用 结合我国当前形势以及在电喷发动机方面的研发成就和仇杰团队案例，培养学生的科学态度、创新精神、危机意识和家国情怀	· 先进传感技术的应用实例讨论以及发展趋势。 · 机器视觉技术的应用实例讨论以及发展趋势。 · 机器视觉识别技术的应用实例讨论以及发展趋势	结合环境感知、决策规划、控制执行等智能汽车关键技术的应用举例、前沿发展趋势的探讨，以及我国智能汽车发展现状的讨论等，希望学生有如下认识：一是对我国智能汽车产业有清晰和客观的认识；二是作为车辆工程专业的学生，是未来我国汽车行业发展的中流砥柱，不仅要学好理论知识，还要有不畏困难、自主创新的精神，更要勇担科技创新使命、怀揣科技强国情怀，为实现我国汽车强国梦贡献力量

续表

教学环节	教学内容	师生活动	设计意图
讲授新知（15分钟）	（4）决策规划 ·全局路径规划（图1.36） 图 1.36　全局路径规划示意图 ·局部路径规划（图1.37） 图 1.37　局部路径规划示意图	·全局路径规划的应用实例讨论。 ·影响局部路径规划的因素可能有哪些？	结合环境感知、决策规划、控制执行等智能汽车关键技术的应用举例、前沿发展趋势的探讨，以及我国智能汽车发展现状的讨论等，希望学生有如下认识：一是对我国智能汽车产业有清晰和客观的认识；二是作为车辆工程专业的学生，是未来我国汽车行业发展的中流砥柱，不仅要学好理论知识，还要有不畏困难、自主创新的精神，更要勇担科技创新使命、怀揣科技强国情怀，为实现我国汽车强国梦贡献力量
讲授新知（20分钟）	（5）控制执行 汽车线控技术就是将驾驶员的操纵动作经过传感器变成电信号，通过电缆直接传输到执行机构，如图1.38所示。 ·线控油门。 ·线控制动。 ·线控转向 图 1.38　线控技术示意图	·"线控"对于智能汽车的重要意义是什么？ ·我国智能汽车领域的发展现状讨论	

续表

教学环节	教学内容	师生活动	设计意图
课堂小结（3分钟）	**课程主要知识点：** 智能汽车的三大关键技术： ·环境感知。 ·决策规划。 ·控制执行	简要总结课程核心知识点	梳理课程关键知识点，加深学生对智能汽车内涵的掌握
作业布置	**思考题：** 目前智能汽车的发展处于哪个阶段？具备哪些特征	鼓励学生主动了解汽车行业技术发展现状	进一步激发学生科技创新的使命感和科技强国的家国情怀

6. 教学效果分析与反思

（1）教学效果

① 通过对未来出行的讨论，启发学生对未来交通的创新探索意识；通过对智能汽车发展的概念视频的观看和讲解，使学生快速了解智能汽车的概念和内涵，强化学生树立创新意识。

② 采用理论讲解与动画视频结合的方式，阐明智能汽车关键技术以及应用案例，强化学生科技强国的家国情怀和担当意识；通过讨论、分析国内外智能汽车的发展现状，促使学生对我国智能汽车产业有清晰和客观的认识，强化学生科技创新的使命感和科技强国的家国情怀。

③ 师生互动积极，学生发言踊跃，学生满意度高，教学效果良好。

（2）教学反思

该教学内容设计是对"汽车构造"课程授课内容的优化和改进，课时较少，知识点概括性强。针对这个特点，教学过程中应以启发式、讨论式互动为主要的师生交流方式，以优质案例为切入点，高效实现德育与知识的有机结合，提升课程授课水平，强化学生对专业知识的掌握和科技强国的家国情怀。

1.5.6　智能汽车的伦理与法律

1. 教学目标

（1）知识目标

认识智能汽车在发展过程中不可避免的伦理与法律问题。

（2）能力目标

在从事自动驾驶技术研究时，能够考虑和讨论可能遇到的伦理与法律问题。

（3）价值目标

促使学生在从事相关技术研究和开发工作时，树立正确的伦理道德观念，强化必要的法律法规意识等。

2. 教学手段与方法

教学手段：动画视频、多媒体课件相结合。

教学方法：课堂讲授+案例教学+互动交流。

3. 课程思政元素分析

课程内容为智能汽车概述部分，涵盖了智能汽车发展中的伦理道德和法律意识内容，引导学生认识智能汽车的创新技术的发展过程中可能遇到的伦理问题和法律问题。

智能汽车是社会化管理的产品，必须跳出技术和产品本身，考虑到相关伦理道德和立法的问题，削弱其带来的风险和负面影响。在智能汽车发展过程中，不少伦理问题是和技术相关的，并且要摆在技术之前思考。智能汽车作为未来安全、便捷的交通工具，在增强行驶安全性、缓解交通拥堵以及降低事故发生率方面具有突出的优势。然而，智能汽车不可能做到万无一失，并不能做到完全避免交通事故的发生。因此，其不可避免地会遇到如下伦理问题：当智能汽车面临一场不可避免的交通事故时，该如何抉择呢？

另外，智能汽车进入商用阶段后，尽管相关的法律法规会不断完善，但是仍面临以下几个法律困境。

① 现行法律制度的困境。在自动驾驶的情况下，可以随意拨打电话、看书、读报甚至睡觉，且不影响车辆的行驶安全，与传统的行驶要求大相径庭，给交通法规及相关制度带来了较大的冲击与挑战。

② 市场准入准则困境。安全性评估是自动驾驶车辆合法上路的前提条件，制定客观、可测试多种路况的自动驾驶车辆测试标准是一个非常艰巨的挑战。

③ 事故责任认定赔偿困境。当自动驾驶车辆出现交通安全事故时，应该如何界定和划分法律责任。

④ 数据隐私和安全困境。自动驾驶车辆信息化程度极高，要求"车车通信""车路通信"和"车人通信"。保护自动驾驶车辆的数据隐私、网络安全等都是至关重要的问题，需要明确的法律规范进行约束。

思政切入点：

以智能汽车自动驾驶时的"隧道案例"和美国优步无人驾驶车交通事故案例为切入点，阐述智能汽车发展过程中面临的伦理和法律问题。通过师生高效的互动和讨论，引导学生深刻认识技术进步与发展带来的道德与法律问题，强化学生树立正确的伦理道德观念和法律法规意识。

4. 教学内容分析

（1）教学内容

该部分教学内容与案例"智能汽车概述——智能汽车技术架构"的教学内容相衔接。主要内容如下。

① 智能汽车发展中遇到的伦理道德困境。

② 智能汽车发展中遇到的法律法规困境。

（2）教学重点

智能汽车发展过程中的伦理道德与法律法规问题。

5. 教学过程

教学环节	教学内容	师生活动	设计意图
讲授新知（10分钟）	（1）智能汽车发展中遇到的伦理道德困境 通过典型的智能汽车"隧道案例"，引入智能汽车发展过程中的伦理道德问题。 智能汽车"隧道案例"示意图如图1.39所示 图1.39 智能汽车"隧道案例"示意图	·结合案例讨论智能汽车面临的伦理道德困境，讨论交流可行性方案的利弊	通过案例讨论，正确认识智能汽车发展带来的伦理道德困境、法律法规困境；通过案例反思，使学生树立正确的伦理道德观念和法律法规意识
讲授新知（10分钟）	（2）智能汽车发展中遇到的法律法规困境 通过美国优步无人驾驶车撞死行人案例，引入智能汽车发展过程中的法律法规问题。 ·智能汽车上路的法律困境。 ·智能汽车的市场准入困境。 ·智能汽车的事故责任认定困境。 ·智能汽车的数据隐私和网络安全困境	·结合案例讨论智能汽车面临的法律法规困境，讨论交流可行性方案的利弊，以及对案例进行反思	

续表

教学环节	教学内容	师生活动	设计意图
课堂小结（2分钟）	课程主要知识点： · 智能汽车发展中遇到的伦理道德困境 · 智能汽车发展中遇到的法律法规困境	简要概括核心教学内容	
作业布置	思考题： ① 智能汽车发展中，必须要面临的问题是：究竟设定何种伦理规范才是正确的？ ② 智能汽车的道德算法基于哪种伦理道德才能获得更大的可接受性？与此相关的问题是，即使能确定某种倾向性的伦理规范，那么究竟由谁来决定这种伦理规范？是由共同体集体决定，还是由个人决定	鼓励学生主动思考和讨论	强化学生在技术发展过程中必须具有的正确的伦理道德观念和法律法规意识

6. 教学效果分析与反思

（1）教学效果

① 通过对智能汽车上路面临的伦理道德与法律法规问题案例的讨论，使学生高效快速地了解科技发展与其带来的风险和负面影响，强化学生在从事技术研究时必须考虑伦理道德观念与法律法规的意识。

② 师生互动积极，学生发言踊跃，学生满意度高，教学效果良好。

（2）教学反思

"汽车构造"课程主要介绍了汽车的典型结构、组成以及功用等，延伸概述了新能源汽车、智能汽车等，具有知识点概括性高、呈点状分布等特点。但作为车辆工程专业学生必修的第一门专业核心课程，"汽车构造"的思政教学有必要以科技发展与道德法律的关系为切入点，使学生充分认识到科技发展与道德法律的辩证关系，从而正确应对其将来的技术工作。

第2章

02

汽车发动机原理课程思政教学设计

2.1 课程概况

课程名称：汽车发动机原理
课程性质：专业核心课程
专　　业：车辆工程
教学对象：大三本科生
使用教材：颜伏伍. 汽车发动机原理. 第 4 版. 北京：机械工业出版社，2020 年
学分/学时：2/32
课程类型：线下课程
课程简介：该课程以汽车发动机性能指标为研究对象，分析发动机循环过程中各个阶段的工作特点以及不同系统之间的内在联系，研究系统参数变化对汽车发动机性能的影响规律，探索改进发动机性能的措施与方向，为汽车发动机的参数匹配与性能优化提供理论依据。

2.2 课程教学目标

2.2.1 知识能力目标

① 掌握汽车发动机的基本循环过程特点、总体性能指标及其在汽车上的地位和作用。掌握发动机循环过程的工作原理、基本概念、影响因素与评价指标，具备分析影响发动机性能的因素的能力，知晓改进发动机性能的措施与方向。

② 掌握汽车发动机性能指标以及工作特性的基本测试方法和测试规范，具备发动机复杂系统实验方案设计与选择、数据分析以及信息综合的基本能力。

③ 掌握汽车发动机不同系统之间的内在联系，能够针对汽车发动机的复杂工程问题设计解决方案。

④ 理解发动机排放对环境和可持续发展的影响，能分析和评价汽车发动机对社会造成的影响。

2.2.2 课程思政教学目标

从汽车发动机的创新变革历程、典型事件、我国发动机的技术进步等方面开展

课程思政设计。通过穿插分析发动机创新变革实践，阐明发动机重大革新产生的历史背景、形成过程，强化学生的创新意识；借助光化学烟雾、城市雾霾等典型事件阐明经济发展必须尊重科学，引导学生树立科学发展观；通过分析我国汽车发动机在短期内由弱变强的发展历程和巨大成就，并且结合典型人物事迹，激发学生的民族自信心和自豪感，坚定道路自信、理论自信、制度自信、文化自信。

2.3 课程思政总体设计

2.3.1 课程思政特征分析

（1）增强民族自信

以我国发动机工业自强不息的发展成就，树立学生的机遇与挑战意识，激发学生的自强意识和不畏艰难、投身祖国建设事业的热情，坚定学生的中国特色社会主义道路自信。

（2）树立系统观念

将发动机作为各部件职责分明、协同配合的复杂系统，培养学生的系统观念，树立整体观和大局观。

（3）培育科学精神

以汽车发动机典型技术创新的历史背景分析技术变革与社会需求的紧密联系，结合我国汽车发动机的发展需求，使学生树立脚踏实地的科学态度和敢为人先的奋斗精神。

（4）关注和谐发展

通过对汽车的能源消耗和尾气污染状况的介绍，使学生树立节能环保意识，树立可持续发展理念。

2.3.2 课程思政方案设计

课程章节	知识点	课程思政教学要点	所属思政维度	教学方法
第一章	·发动机的循环过程 ·发动机的性能指标 ·性能指标的关联性	·以发动机性能参数的关联性强化学生系统观念和大局观。 ·解决复杂工程问题需综合考虑社会、健康、安全、法律等各种因素	·普遍联系 ·系统观念	·讲授法 ·演绎法 ·案例教学

续表

课程章节	知识点	课程思政教学要点	所属思政维度	教学方法
第三章	·发动机的燃料 ·燃料的使用特性 ·燃烧热化学	阐述大力开展节能降耗，开发代用燃料、新能源技术战略的重要意义，树立开源节流理念和能源安全意识	·节能意识 ·危机意识	·讲授法 ·案例教学
第四章	·汽油机的燃烧过程 ·汽油机混合气的形成 ·汽油机的燃烧室	·电喷系统取代化油器，推动了汽车产业的发展和技术进步。 ·个人的发展要与国家的需求相结合，抓住机遇，直面挑战。 ·仇杰团队对汽车电子控制系统的贡献	·科学态度 ·创新精神 ·危机与挑战意识	·讲授法 ·案例教学 ·对比分析 ·互动交流
第五章	·柴油机的燃烧过程 ·柴油的喷射与雾化 ·混合气的形成和燃烧室	·柴油机对经济和国防军备具有重要作用，国产柴油机与国外柴油机相比存在的技术差距。 ·金东寒院士的科研创新和对军用特种发动机的贡献	·危机意识 ·创新意识 ·家国情怀	·讲授法 ·案例教学 ·对比分析
第八章	·有害排放物的生成 ·有害排放物影响因素 ·有害排放物的控制 ·排放法规	通过介绍汽车有害排放物对环境、健康的危害，树立学生的"绿水青山就是金山银山"的绿色发展观和可持续发展理念	·环保意识 ·可持续发展理念	·讲授法 ·案例教学

2.4 学情分析

学生听课比较认真，能够及时复习课程教学内容，按时完成作业。课余时间与学生沟通交流发现，学生的上进心较强，希望通过课程学习切实提高知识运用能力。学生普遍乐于接受新鲜事物，特别关注汽车新技术的发展动向，对工程实际案例很感兴趣，这为通过案例对学生进行价值塑造提供了很好的条件。

2.5 典型教学案例

2.5.1 汽油机混合气的形成

1. 教学目标

（1）知识目标

熟悉发动机充量系数、空燃比、喷油量、喷油定时等基本概念，掌握发动机电控汽油喷射系统的基本结构组成和工作原理。

（2）能力目标

结合所学知识，能够对比分析不同发动机电控汽油喷射系统的结构和性能差异；依据电控汽油喷射系统的具体结构，能够制定喷油定时及喷油量的基本控制策略。

（3）价值目标

分析电控汽油喷射系统取代化油器的历史背景和对汽车技术发展的深远影响，并结合我国发动机领域的建设成就和典型劳模事迹，强化学生的科学态度、创新精神、机遇与挑战意识和家国情怀。

2. 教学手段与方法

教学手段：实物教具、动画视频、多媒体课件相结合。

教学方法：课堂讲授+对比分析+案例教学+互动交流。

3. 课程思政元素分析

电控汽油喷射系统取代化油器是汽车发展史上具有划时代意义的创新变革事件，使汽车发动机控制水平产生了质的飞跃，其背后蕴含着丰富的思政元素。1970年左右，全球范围内发生了严重的石油危机，同时汽车尾气排放引起的光化学烟雾对人类生存环境造成了严重污染，直接促使了对汽车经济性和排放的立法。然而汽车化油器的混合气形成方式已不能满足严格的经济性和排放法规的要求，使汽车的生存和发展面临严峻的挑战。在这样的历史背景下，博世公司抓住了历史机遇，依靠前期深厚的技术积累，率先开发出电控汽油喷射系统，装车运行结果显示，汽车发动机的动力性、经济性、排放性能和控制品质均获得了大幅提升，具有化油器所无可比拟的显著优势。随着电控汽油喷射技术的诞生，人们逐步淘汰了落后的化油器，使汽车发动机迈入了电喷时代。

思政切入点：

① 紧密结合创新变革背景，树立辩证唯物思想，阐明"危机"具有两面性——在带来危害的同时也同样蕴含着生机，进一步启发学生树立正确的危机意识，善于把

握历史机遇，勇于开拓创新。

② 认识到当前我国所处的国际环境给我国高技术的发展带来的巨大挑战，但同时也激发了我国的自主创新热潮。上汽集团全国劳模仇杰及其团队刻苦攻关，成功突破汽车发动机控制系统关键核心技术，使上汽集团国产汽车发动机性能达到世界先进水平。

4. 教学内容分析

（1）教学内容
① 汽油机混合气的形成方式。
② 化油器的工作原理和主要缺点。
③ 电控汽油喷射技术产生的历史背景和思政元素融入。
④ 电控汽油喷射系统的结构组成和工作原理。
（2）教学重点
电控汽油喷射系统的结构组成和工作原理，喷油定时和喷油量的控制方法。
（3）教学难点
压力调节器的作用、电控喷油器的工作原理和工作特性、不同工况下喷油量的控制策略。

5. 教学过程

教学环节	教学内容	师生活动	设计意图
课程引入（9分钟）	（1）汽油机混合气的形成方式 结合图片（图2.1与图2.2），引入汽油机混合气的形成方式：化油器和电控汽油喷射系统 图2.1 化油器与进气道喷射 图2.2 缸内直喷	结合汽车发动机百年发展历程，简要说明混合气体形成方式的发展过程	通过图片展示，吸引学生的注意力，激发学生的探究兴趣

续表

教学环节	教学内容	师生活动	设计意图
课程引入（9分钟）	（2）化油器的工作原理与主要缺点 从流体动力学角度分析化油器的工作原理与主要缺点	·分析化油器的工作原理。 ·阐明化油器的主要缺点。 师生互动： ·流体在变截面管道中流动时会出现哪些物理现象？ ·发动机充量系数是怎么定义的	利用板书进行理论推导，阐明化油器的工作原理，提升学生的知识运用能力
讲授新知（14分钟）	（3）电控汽油喷射技术产生的历史背景 ·介绍两个事件（光化学烟雾事件和第一次石油危机）并分析其对汽车发展的影响，阐明电控汽油喷射系统取代化油器的必然性。 ·电控汽油喷射系统的发展历程与性能优势。 ·结合我国当前形势及在电喷发动机方面的研发成就和仇杰团队案例，培养学生的科学态度、创新精神、危机意识和家国情怀	·两个事件的成因和社会影响分析。 ·以从化油器到电控汽油喷射技术的变革启发学生的危机意识，培养学生的科学态度和创新精神。 ·利用典型案例塑造学生的家国情怀	结合历史背景分析，揭示危机的两面性，树立学生把握机遇、直面挑战的正确态度；以仇杰团队的事迹强化对学生的价值引领

第 2 章 汽车发动机原理课程思政教学设计

续表

教学环节	教学内容	师生活动	设计意图
讲授新知（7分钟）	（4）电控汽油喷射系统的分类 ·按照汽油喷射位置分类：进气道喷射、缸内直喷（图2.3）。 (a) 进气道喷射　　(b) 缸内直喷 图 2.3　电控汽油喷射系统类型 ·按照进气量测量方式分类：间接测量（速度-密度法）、直接测量。 速度-密度法：速度-密度法是基于理想气体状态方程设计的，是一种利用发动机转速和进气压力来计算每缸每循环进气量的方法。	·通过图片对比，分析进气道喷射和缸内直喷的区别。 ·对比分析两种进气量测量方式。 ·由公式推导阐明速度-密度法的基本原理和工程应用	阐明电控汽油喷射系统的技术创新路径。通过案例分析，进行基本理论的工程应用训练
讲授新知（5分钟）	（5）电控汽油喷射系统的结构组成与功用 ·结构：由空气系统、燃油供给系统、电子控制系统三部分组成。 ·功用：说明各个组成部分的作用 图 2.4　电控汽油喷射系统的结构组成	结合图片，说明电控汽油喷射系统的总体结构（图2.4）与工作原理。 师生互动：混合气浓度有哪些表示方法	用空气系统、燃油供给系统和电子控制系统的协作关系，启发学生的系统观念和团队合作意识
讲授新知（10分钟）	（6）空气系统的结构组成与工作原理 ·空气流量传感器。 ·进气歧管压力传感器。 ·节气门体及节气门位置传感器。 ·温度传感器 图 2.5　部分实物教具	结合图片、实物教具（图2.5）和视频，分析空气系统中主要部件的结构组成和工作原理	阐明空气系统的作用，分析各传感器的检测原理，训练学生的理论应用能力

续表

教学环节	教学内容	师生活动	设计意图
讲授新知（10分钟）	（7）燃油供给系统的结构组成与工作原理 ➤ 燃油供给系统的结构组成 · 电动燃油泵。 · 燃油分配管。 · 压力调节器。 · 喷油器。 图 2.6　燃油供给系统的结构组成 ➤ 喷油器的流量特性分析	·结合图片、实物教具，分析燃油供给系统的结构组成（图2.6）和工作原理。 ·结合喷油量表达式阐明压力调节器的作用。 ·阐明喷油器实际流量特性与理论曲线的差异	阐明燃油供给系统的工作原理、各个关键部件的协同工作关系和喷油量的调节方法，提升学生的理论应用能力
讲授新知（30分钟）	（8）电子控制系统的结构组成与工作原理 组成：由传感器、电子控制单元、执行器组成。 ➤ 传感器 · 曲轴位置传感器。 · 氧传感器。 ➤ 电子控制单元 · 主要功能。 · 控制软件。 · 燃油喷射控制过程。 ➤ 执行器 · 喷油器。 · 点火线圈。 · 汽油泵。 · 电子节气门。 · EGR 阀等 图 2.7　电子控制系统的结构组成	·结合图片与视频，分析电子控制系统的结构组成（图2.7）和工作原理。 ·分析电子控制单元的功能、控制软件，以及喷油正时、喷油量、断油等燃油喷射控制过程	结合实际案例，阐明电子控制系统的工作过程和控制方法，加强控制逻辑和控制策略训练，提高学生解决复杂工程问题的能力

续表

教学环节	教学内容	师生活动	设计意图
课堂小结（5分钟）	课程主要知识点： ➢ 汽油机的混合气形成方式 ·化油器。 ·电控汽油喷射系统（进气道喷射、缸内直喷）。 ➢ 电控汽油喷射系统的结构组成 ·空气系统。 ·燃油供给系统。 ·电子控制系统。 ➢ 燃油喷射控制 ·喷油正时控制。 ·喷油量控制。 ·断油控制。	简要总结课程核心知识点	梳理课程知识点，加深学生对知识点的掌握
作业布置	分析题： ① 电控汽油喷射系统取代化油器对汽车技术发展有哪些影响？ ② 博世公司为什么能率先开发出 D-Jetronic 电控汽油喷射系统？有哪些启示	围绕课程知识点和价值引领布置课后作业	通过作业训练，巩固课堂所学知识点

6. 教学效果分析与反思

（1）教学效果

① 通过实际案例，以危机的两面性训练学生的辩证唯物思维。通过电控汽油喷射系统取代化油器所实现的"化危为机"的汽车技术创新历程，启发学生树立创新意识、危机意识和挑战意识。

② 理论讲解与实物教具、动画视频相结合，在向学生传授基本理论知识的同时，通过工程案例提升学生的知识运用能力。着重从发动机的不同部件协同工作以达到最佳效能的角度，训练学生的系统思维和团队合作意识。

③ 通过介绍上汽集团技术中心仇杰团队脚踏实地、精益求精、刻苦攻关，取得核心技术突破的成就，对学生进行价值提升，培养学生的担当意识和家国情怀。

④ 师生互动积极，学生发言踊跃，学生满意度高，教学效果良好。

（2）教学反思

① 结合课程知识背景分析，把握时机，自然融入育人元素是开展课程思政教学的有效途径。

② 注重挖掘提炼课程的典型育人元素，注意结合身边模范人物的工匠精神和家国情怀对学生进行思想熏陶和价值提升，做到课程教学有温度。

③ 在教学过程中，应加强实物教具、多媒体课件等优质课程资源建设，注重在向学生传授知识的同时，结合工程案例训练学生的知识运用和创新的能力，使课程教学有方法、有高度、有深度。

④ 注重提升教师自身理论素养和育人能力，加强教育教学改革和实践探索，进一步提升课程教学效果。

2.5.2 发动机的进气可变技术

1. 教学目标

（1）知识目标

熟悉发动机进气迟闭角对充气效率的影响，熟悉进气管的动态效应原理及其对充气效率的影响，掌握发动机的进气可变技术的原理及其应用。

（2）能力目标

能够结合所学知识，对比分析不同配气定时、不同进气管长度对发动机充气效率和动力性能的影响规律，优化发动机的进气管长度，使发动机的中低速性能达到最佳；能够利用进气可变技术设计发动机可变气门等的控制策略，使发动机在任一转速下的性能达到最优。

（3）价值目标

分析发动机技术进步对汽车技术发展的深远影响，结合我国发动机领域的建设成就和典型劳模事迹，强化学生的科学态度、创新精神、机遇与挑战意识和家国情怀。对"降低阻力"和"可变"进行引申：改革开放不断破除束缚生产力发展的阻力，提高生产效率。阐明破除对自身束缚，可以提高学习效率，促进学习和事业进步，鼓励学生不断进步。

2. 教学手段与方法

教学手段：实物教具、动画视频、多媒体课件相结合。

教学方法：课堂讲授+对比分析+案例教学+互动交流。

3. 课程思政元素分析

发动机的高"充气效率"，就是进气系统阻力小、效率高，多进气；排气系统阻力小、效率高，多排气。以"效率"引发思考：提高学习效率、工作效率及生产效率，促进个人发展，提升企业及国家竞争力。降低发动机进气系统的阻力，对进气管和气门定时（正时）采用进气可变技术，都可以提高充气效率，改善发动机的动力性能。我们在生活、学习和工作中遇到阻力和困难时，唯有变化才能突破，唯有改革才能生存。哲学原理告诉我们，万事万物都在不断变化发展中，变化是绝对的，静止是相对的，只有变革，才能增效，才能提高生产力，社会才能进步。发动机也是如此，发动机的结构参数只有随工况变化，才能提高发动机的充气效率，才能提高发动机的有效输出，才能改善发动机的动力性能和经济性能。为了提高发动机的充气效率,就需要采用先进的进气可变技术。

思政切入点:

① 对比分析国内外内燃机技术的发展过程,阐明我国在内燃机方面取得的重大进步与工匠们在内燃机方面做出的巨大贡献,点燃学生的爱国情怀与社会责任感。

② 通过介绍汽车发动机的进气可变技术和机构对发动机充气效率和性能的改善,让学生了解汽车发动机充气效率的定义及其改善措施,使学生掌握发动机可变气门配气定时和进气管技术。结合对我国所处的国际环境的讲解,培养学生的自我革命精神、求变思维和科学世界观,鼓励学生端正态度,努力学习,跑好中国汽车事业的接力赛。

4. 教学内容分析

(1) 教学内容

① 合理选择配气定时。

② 进气管的动态效应。

③ 发动机进气可变技术。

(2) 教学重点

汽车发动机换气过程的特点与性能要求、充气效率及其影响因素、换气系统的进气可变技术。

(3) 教学难点

汽车发动机的换气过程、进气系统的阻力及其影响因素与汽车发动机的可变技术。

5. 教学过程

教学环节	教学内容	师生活动	设计意图
课程引入 (5分钟)	(1) 合理选择配气定时 结合图片(图2.8),说明进气门配气定时对充气效率的影响。阐明需要可变气门定时技术的原因:不同转速下最佳进气门配气定时不一样。 图2.8 配气定时的影响	结合图片,阐明进气门关闭定时对发动机充气效率的影响。 **师生互动:** 为什么低速时进气门要早关,而高速时进气门要晚关	说明发动机配气定时对充气效率和发动机动力性能的影响特征,阐明发动机的配气定时随发动机转速的变化而变化的原因

续表

教学环节	教学内容	师生活动	设计意图
课程引入 （17分钟）	（2）进气管的动态效应 ·进气管的动态效应：利用进气管中的压力波提高充气效率。 ·动态效应的分类：进气管的惯性效应和进气管的波动效应。 进气管的惯性效应（图2.9）：使进气管长度和进气门开闭时刻合理配合，利用进气系统压力波峰值增加进气量。 (a) 沿进气管长度的压力分布曲线 (b) 进气管根部(B点)压力随时间变化的曲线 图2.9　进气管的惯性效应说明 1—进气门开时；2—进气门关时 进气管的波动效应（图2.10）：进气管长度与发动机转速配合，使在特定转速下的进气过程与正压力波重合，可以提高进气量，改善充气效率 (a) 进气管内压力的一阶波动曲线 实线—压力波 虚线—速度波 (b) 进气管根部B点压力随时间变化的曲线 a—气流速度 u—压力波速度 $q_1 = \dfrac{\text{压力波固有频率}}{\text{进气频率}}$ 图2.10　进气管的波动效应说明	·教师从流体动力学与波动学的角度，分析利用进气管的动态效应提高进气量的原理。 ·依据压力波的固有频率与进气频率的比值，说明如何利用进气系统的惯性效应和波动效应。 **师生互动：** 进气管长度是固定好还是随发动机转速变化好？	利用板书，推导波动次数的公式，解释公式中字母的含义，说明进气管的动态效应的类型、原理和应用，阐明采用进气管可变技术的原因

教学环节	教学内容	师生活动	设计意图
讲授新知（21分钟）	（3）发动机进气可变技术 ➤ 进气可变技术的定义与应用 通过可变进气管与可变气门定时技术等提升发动机性能。 ➤ 发动机进气可变技术的类型 ·包括可变气门定时、可变进气管长度等。 ·降低发动机进气系统的阻力，对进气管和气门定时采用进气可变技术，都可以降低进气阻力，进而提高发动机充气效率，改善发动机动力性能。对"降低阻力"和"可变"的进行思考并引申：改革开放不断破除束缚生产力发展的阻力。哲学的普遍性、特殊性和联系性原理。 ➤ 穷则思变 哲学原理告诉我们，万事万物都在不断变化发展中，变化是绝对的，静止是相对的。只有变革，才能增效，才能提高生产力，社会才能进步。发动机也是如此，发动机的结构参数只有随工况变化，才能提高发动机的充气效率，才能提高发动机的有效输出，才能改善发动机的动力性能和经济性能。 ➤ 可变进气管（图2.11与图2.12） 措施：改变进气管长度或流通面积，高速时采用粗短管，低速时采用细长管。 低转速　　　　　高转速 可变旋转阀关闭　　可变旋转阀打开 图2.11　不同转速下的可变进气管 图2.12　进气可变系统 ➤ 可变气门定时 ·传统配气机构的缺点：气门定时不变，很难在每个发动机转速和负荷工况下，使发动机综合性能达到最佳。 ·按照气门定时和升程是否连续，可变气门定时可分为连续可变与非连续可变，如图2.13与图2.14所示。	·说明发动机进气可变技术的定义和优点，阐明发动机采用进气可变技术的现实意义和作用。 ·以降低阻力可以提高充气效率、发动机结构参数可变的重要性和优点为切入点，引申出变换、变化和改革的重要性。 ·教师先讲解发动机配气相位和进气管动态效应对充气效率和发动机性能的影响，然后再关联课程思政内容，引导学生思考如何合理优化气门相位和应用进气管波动效应	结合课程所讲述的内容（如通过降低进气系统阻力、设计合理的可变配气相位控制策略和可变进气管，以提高发动机的充气效率，进而改善发动机的性能），向学生阐明社会变革和技术革新的重要性。总之，拨开阻力，改革和创新才能提高生产效率，才是解决一切问题的关键

续表

教学环节	教学内容	师生活动	设计意图
讲授新知 （21分钟）	图 2.13　VVT 可变气门定时机构（连续可变） 图 2.14　可变定时调节方式（非连续可变） 图 2.15　本田可变气门系统	师生互动： ·为什么现在大部分量产的汽油机都应用了可变气门定时机构？ ·结合图片（图2.15），分析本田的 VTEC 系统和一般的连续可变气门定时机构的主要区别是什么？有什么优点和缺点？ ·除了可变气门定时和可变进气管技术，同学们还知道其他的发动机可变技术吗（如可变气门升程、可变压缩比等）？	结合课程所讲述的内容（如通过降低进气系统阻力、设计合理的可变配气相位控制策略和可变进气管，以提高发动机的充气效率，进而改善发动机的性能），向学生阐明社会变革和技术革新的重要性。总之，拨开阻力，改革和创新才能提高生产效率，才是解决一切问题的关键
课堂小结 （5分钟）	课程主要知识点 ➤ 合理选择配气定时 ➤ 进气管动态效应 ·惯性效应。 ·波动效应。 ➤ 进气可变技术 ·可变进气管。 ·可变气门定时。	简要总结课程核心知识点	梳理课程知识点，加深学生对知识点的掌握
作业布置	简答题 分析题	围绕课程知识点和价值引领布置课后作业	通过作业训练，巩固课堂所学知识点

6. 教学效果分析与反思

（1）教学效果

① 从降低阻力提高充气效率、发动机结构参数可变的重要性和优点的角度，

引申出变换、变化和改革的重要性，树立学生在成长过程中摒弃一切陋习的意识。向学生阐明社会变革和技术革新的重要性，进而帮助学生树立创新意识、危机意识和挑战意识。

② 将理论讲解与实物教具、动画视频相结合，在向学生传授基本理论知识的同时，通过工程案例提升学生的知识运用能力，着重从不同部件协同工作以达到最佳效能的角度，训练学生的系统思维和团队合作意识。

③ 通过介绍我国在内燃机方面取得的重大进步与工匠们在内燃机方面做出的巨大贡献，激发学生的爱国情怀与社会责任感，向学生传承脚踏实地、精益求精的品质。

④ 师生互动积极，学生发言踊跃，学生满意度高，教学效果良好。

（2）教学反思

课程的教学重点是汽车发动机换气过程的特点与性能要求、充气效率及其影响因素以及换气系统的进气可变技术。其中，汽车发动机的换气过程、进气系统的阻力及其影响因素与汽车发动机的可变技术是课程的难点。在教学过程中有机结合思政案例，通过讲授法、案例教学、多媒体教学、对比分析等提高学生的学习热情。通过介绍已经大规模量产使用的汽车发动机的进气可变技术，让学生了解汽车发动机的进气可变技术对改善发动机的充气效率、动力性、经济性和排放性能的意义。结合实际问题，向学生展示实际汽车发动机进气可变技术及其应用的照片和视频，让学生思考汽车发动机在改善充气效率和性能方面能采取的技术措施，以及相关技术的发展现状和趋势。结合汽车发动机的进气可变技术和机构对发动机充气效率和性能的改善作用，让学生了解汽车发动机充气效率的定义及其改善措施，使学生掌握发动机可变气门定时和可变进气管技术。结合思政讲解，培养学生的自我革命精神、求变思维和科学世界观，使其明白以自身的变化去追求学习效率和成绩的提高。

2.5.3 发动机的进气增压技术

1. 教学目标

（1）知识目标

熟悉废气能量利用的基本途径，熟悉废气能量利用的基本形式，掌握增压发动机的结构特点和性能特点，掌握汽油机增压的主要措施。

（2）能力目标

能够结合所学知识，对比分析不同增压发动机的差异；能够依据增压器的具体类型，制定增压控制策略。

（3）价值目标

结合我国车企在涡轮增压发动机技术方面的发展现状和在相关零部件开发方面所取得的成就，强化对学生的科学态度、创新精神、危机意识、家国情怀和工匠精神的培养。从发动机增压后综合性能的全面提升出发，说明压力能够产生动力和提升效率，保持适当的学习、工作压力对于提升学习成效、促进事业发展具有重要意义，鼓励学生奋发向上。

2. 教学手段与方法

教学手段：实物教具、动画视频、多媒体课件相结合。
教学方法：课堂讲授+对比分析+案例教学+互动交流。

3. 课程思政元素分析

在 2017 年广州车展上，长城汽车展示了全新的 GW4B15 1.5T 涡轮增压发动机。2021 年，长城汽车推出的哈弗赤兔，使用了 GW4B15C 全新高功率版本涡轮增压发动机，其最大功率为 184 马力，峰值转矩为 275N·m。在技术应用上，新发动机除了采用 CVVL 气门升程控制外，还配备了 VGT 增压器、两级变排量机油泵、350bar（1bar=100kPa）直喷以及电控涡轮泄压阀等众多硬核新技术。

长安汽车推出的全新 UNI-T 和 CS55PLUS 使用了其最新的蓝鲸 NE 1.5T 发动机，达到了 180 马力、300N·m。作为新引擎，蓝鲸 NE 1.4T/1.5T 的缸盖采用了全新设计——反置式布局（进气歧管在前端，排气歧管在后端），这更有利于高转爆发。另外，配合水冷中冷器、350bar 直喷、可变排量油泵等众多新技术，其燃效比之前的蓝鲸 1.5T（如 CS75PLUS）有显著提高。

比亚迪骁云 1.5T 发动机的最大功率为 185 马力，峰值转矩为 288 马力。相比老款 1.5T 发动机，这台新发动机融入了 350bar 直喷、双涡管增压、电动泄压阀以及缸盖集成排气等众多全新技术，热效率提高到 38%。对于一台正置式布局的涡轮增压发动机，这些数据算是非常惊艳了。

上述几款汽车发动机的数据说明国产汽车发动机的技术水平和制造能力已经呈现出赶超国外先进水平之势。相信在不久的将来，我国部分自主汽车品牌的发动机的性能能追赶上甚至超越世界一流汽车品牌的发动机。

思政切入点：

① 国内涡轮增压发动机技术水平突飞猛进，和国际先进水平相差无几。通过介绍我国涡轮增压发动机的重大进步，以及我国汽车发动机技术由弱变强的过程和取得的重要成就，激发学生的敬业精神和爱国主义情怀。

② 介绍我国车企涡轮增压发动机的重要成果、应用领域和关键核心技术。经过一代又一代中国汽车人的不懈努力和奋勇攻关，中国汽车核心部件（发动机）的关键技术已经取得了重要进步，鼓励学生端正态度、努力学习，跑好中国汽车事业的接力赛，培养学生的自豪感、科学精神、事业心和责任感。

③ 从发动机增压后综合性能的全面提升出发，说明压力能够产生动力和提升效率，鼓励学生奋发向上，让学生明白保持适当的学习、工作压力对于提升学习成效、促进事业发展具有重要意义。人生路上困难多多、压力重重，但如果能够变压力为动

力,则能取得重大成就,实现人生价值。

4. 教学内容分析

(1) 教学内容
① 废气的特点。
② 思政教育。
③ 废气能量利用的基本途径。
④ 废气能量利用的基本形式。
⑤ 汽车增压发动机的特点。
⑥ 汽油机增压的难点与措施。

(2) 教学重点
废气能量利用形式、增压发动机的性能。

(3) 教学难点
汽油机增压存在的难点。

5. 教学过程

教学环节	教学内容	师生活动	设计意图
课程引入 (5分钟)	(1) 废气的特点 结合图片(图2.16),引入内燃机废气的物理性质 图 2.16　发动机缸内燃烧过程	教师结合汽油机、柴油机的燃烧原理,简要说明燃烧废气的形成过程	通过图片展示,向学生直观地展示发动机缸内燃烧温度场的变化,吸引学生注意力,激发学生的探究兴趣
讲授新知 (5分钟)	(2) 价值引领(图2.17) 压力能够产生动力,鼓励学生奋发向上 图 2.17　压力与动力的转化	教师通过讲述历史人物故事与现实生活中的例子,进行思政教育	通过图片展示,告诉学生人生路上困难多多、压力重重,但如果能够变压力为动力,则能取得重大成就,实现人生价值

续表

教学环节	教学内容	师生活动	设计意图
讲授新知 （15分钟）	（3）废气能量利用的基本途径 ·通过废气驱动空压机使发动机进气（废气涡轮增压）。 ·与发动机联合做功（复合动力）。 废气涡轮增压系统的结构组成如图 2.18 所示 图 2.18　废气涡轮增压系统的结构组成	·分析废气的危害。 ·分析废气的特点。 ·分析能量转换的必要性	结合废气的特点、能量转换的方法，明确废气能量利用的途径
讲授新知 （20分钟）	（4）废气能量利用的基本形式 ➤ 恒压系统 ·结构特点 排气总管的容积较大。 ·废气能量利用的特点 a）系统压力波动小。 b）低增压时，废气能量利用效率低。 c）高增压时，废气能量利用充分。 ➤ 变压系统 ·结构特点 排气总管的容积较小，各缸排气歧管交错。 ·废气能量利用的特点 a）系统压力波动大。 b）废气能量利用数量多。 c）高增压时，废气能量利用充分的优点不明显。 ➤ 恒压系统与变压系统的比较 ·变压系统的废气能量利用充分。 ·变压系统的扫气效果好。 ·变压系统的加速性好。 ·变压系统的效率低。 ·变压系统的结构复杂、尺寸大、制造成本高。 总结：低增压采用变压系统，高增压采用恒压系统	·通过分析恒压系统的结构特点，明确废气能量利用的特点。 ·通过分析变压系统的结构特点，明确废气能量利用的特点	明确废气能量利用的基本形式

续表

教学环节	教学内容	师生活动	设计意图
讲授新知 （20分钟）	（5）汽车增压发动机的特点 ➢ 增压发动机的结构特点 ·增压器与发动机之间没有机械联系，通过气流传递能量。 ·增压器与发动机之间要匹配。 ·发动机结构有所变化。 a）循环供油量增加。 b）配气相位调整。 c）压缩比减小。 d）进、排气系统改变。 e）增加压缩空气的冷却。 ➢ 增压发动机的性能特点 ·经济性大大改善。 ·升功率提高。 ·动力性提升。 ·增压中冷却可以减少有害排放物。 ·显著降低发动机噪声。 ·发动机加速性能变差。 ·发动机着火与启动性能下降。 ·发动机制动效果差	阐明增压发动机的结构特点，明确增压发动机的性能特点	从总体上把握增压发动机的特点
讲授新知 （20分钟）	（6）汽油机增压的难点与措施 ➢ 汽油机增压的难点 ·增压使汽油机爆震倾向增大。 ·增压使汽油机热负荷大大提高。 ·增压使汽油机加速性能大大恶化。 ·增压使汽油机机械负荷大大提高。 ·汽油机排气温度高。 ·汽油机混合气浓度变化大，有后燃。 ·化油器汽油机增压后，节气门真空度变化小。 ·汽油机与增压器的匹配困难。 ➢ 汽油机增压的措施 ·采用电子控制系统。 ·采用点火提前角闭环控制。 ·采用增压中冷。 ·采用可变增压系统	分析汽油机工作特点，结合增压器的特性，认识汽油机增压的难点以及实现增压的措施	明确汽油机增压的特点
课堂小结 （5分钟）	课程主要知识点： ➢ 废气能量利用的基本途径 ·废气涡轮增压。 ·复合动力。 ➢ 废气能量利用的基本形式 ·恒压系统。 ·变压系统。 ➢ 增压发动机的结构特点。 ➢ 增压发动机的性能特点。 ➢ 汽油机增压的难点与措施	简要总结课程核心知识点	通过对知识点的梳理，加深对知识点的掌握
作业布置	简答题 计算题	围绕课程知识点布置课后作业题目	通过作业训练，进一步巩固课堂所学知识点

6. 教学效果分析与反思

（1）教学效果

① 通过实际案例，从发动机增压后综合性能的全面提升出发，说明压力能够产生动力与提升效率，鼓励学生要奋发向上，让学生明白保持适当的学习、工作压力对于提升学习成效、促进事业发展具有重要意义。

② 理论讲解与实物教具、动画视频相结合，在向学生传授基本理论知识的同时，介绍我国车企涡轮增压发动机的重要成果、应用领域和关键核心技术。经过一代又一代中国汽车人的不懈努力和奋勇攻关，中国汽车核心部件（发动机）的关键技术已经取得了重要进步，鼓励学生端正态度、努力学习，跑好中国汽车事业的接力赛，培养学生的自豪感、科学精神、事业心和责任感。

③ 通过介绍我国涡轮增压发动机的重大进步、我国汽车发动机技术由弱变强的过程和取得的重要成就，激发学生的敬业精神和爱国主义情怀。

④ 师生互动积极，学生发言踊跃，学生满意度高，教学效果良好。

（2）教学反思

课程的教学围绕废气的特点、废气能量利用的基本途径、废气利用的基本形式、汽车增压发动机的特点、汽油机增压的难点与措施。其中，废气能量利用形式、增压发动机的性能是课程的重点。在教学过程中有机结合思政案例，通过讲授法、案例教学、多媒体教学、对比分析等提高学生的学习热情。通过介绍国产涡轮增压发动机的发展让学生了解现代涡轮增压发动机的关键技术、性能水平及其应用发展的意义。结合实际问题，给学生展示一些汽车发动机领域的重要活动的照片和视频，让学生思考涡轮增压发动机的类型、意义、核心技术和发展趋势。结合我国 1.5T 涡轮增压发动机的发展现状与所取得的成就，培养学生的科学态度、敬业精神和社会责任感，让学生化压力为动力，努力学习，奋勇前行，为祖国的汽车事业奉献自己的青春。

2.5.4 四冲程发动机的换气过程

1. 教学目标

（1）学情分析

课程的教学重点是四冲程发动机换气过程，熟悉四冲程发动机的充气效率，掌握四冲程发动机的换气损失（包括进气损失和排气损失）。了解气门叠开与扫气过程的作用。讲解二冲程发动机的换气过程，包括进气增压对二冲程发动机扫气的影响。在教学过程中有机结合思政案例，通过讲授法、案例教学、多媒体教学、对比分析等提高学生的学习热情。

（2）知识目标

熟悉四冲程发动机、二冲程发动机的换气过程，熟悉四冲程发动机的充气效率，掌握减小内燃机换气过程损失的措施。教学难点包括发动机的换气过程、进排气门工作相位图、充气效率的影响因素等。指导学生掌握配气定时对充气效率的影响，理解进气管的动态效应，了解不同工况下最佳气门定时的确定，掌握进气系统的动态效应的原理及其应用。

（3）能力目标

能够结合所学知识，分析影响发动机换气过程的因素。能够设计高效的进排气系统，使废气尽可能排尽，最大可能地提高发动机的充气效率，改善发动机的动力性和经济性。熟悉发动机进气迟闭角对充气效率的影响，熟悉四冲程、二冲程发动机的换气损失对发动机工作过程的影响。能够结合所学知识，对比分析不同进气定时、不同换气过程控制参数对发动机动力性与经济性的影响规律，使发动机的中低速性能达到最佳。

（4）价值目标

通过课程思政，让学生掌握课程的知识重点。四冲程发动机与二冲程发动机的换气过程各有不同，不同的换气技术对发动机的动力性、经济性与排放性能影响较大。目前仅少量的越野摩托车采用二冲程发动机，其之所以大面积被四冲程发动机替代，主要就是因为换气不良导致的排放问题。

以"技术不革新，就会被取代"引发思考，在相同转速下，二冲程发动机的理论做功频率是四冲程发动机的一倍，在功率增加和小型化上是很有优势的，但由于换气不良带来的排放问题制约了二冲程发动机的发展。在技术革新上犹如逆水行舟，不进则退。虽然先期有优势，但是如果忘记了持续的自我革新就会被淘汰。同样的，虽然我国目前在某些领域落后，但是通过努力和提升，可以将劣势转化为优势，后来居上。进一步引导学生努力学习、促进个人发展，进而提升企业及国家的竞争力；在领先领域要持续努力，在落后领域更要不断提高自身能力。

2. 教学手段与方法

教学手段：实物教具、动画视频、多媒体课件相结合。

教学方法：课堂讲授+对比分析+案例教学+互动交流。

3. 课程思政元素分析

① 讲解发动机换气过程。结合图片，以比喻方式形象地说明发动机换气过程：是进气和排气的总称，类似于人的呼吸——先呼出废气，再吸入新鲜空气。好比人

跑步，跑得快，换气快；跑得慢，换气慢。通过师生互动问题讲解发动机的换气和人的呼吸的相同点和不同点。通过图片形象地讲解发动机换气过程的特点和要求，吸引学生的注意力，激发学生的探究兴趣。

② 目前我国在新能源汽车领域取得了较大的进步，混合动力汽车的产量居世界前列。由于二冲程发动机的理论做功频率是四冲程发动机的一倍，可以在混合动力汽车上采用二冲程发动机并实现其小型化。结合目前二冲程发动机换气过程的难点以及排放问题，培养学生的创新思维。利用先进的科学技术手段，提出解决二冲程发动机问题的创新方法，让学生领悟个人的发展是社会发展的不竭动力。结合中国船舶集团711研究所发动机团队历时数十年解决发动机卡脖子难题的事例，激发学生的科学态度、创新精神、危机意识和家国情怀。

思政切入点：

1884年，为了避开奥托研发的四冲程发动机，英国工程师巴拉特设计了二冲程水冷双缸汽油发动机。经过几代技术的发展，二冲程发动机开始在摩托车赛事中大放异彩，其以卓越的加速性能压倒了四冲程发动机。早期的铃木、雅马哈、川崎以及国内的爱得利100、幸福250等，都曾经搭载二冲程发动机。普通四冲程发动机的曲轴旋转两周才会做一次功，但是二冲程发动机旋转一周即可完成一次做功，所以在气缸容积和转速相同的情况下，二冲程发动机的做功效率是四冲程发动机的两倍，其最大的特点（即最核心的技术）就是它的换气策略。

直到今天，依然可以看到少量的越野摩托车采用二冲程发动机，其之所以大面积被四冲程发动机替代，主要有以下两个原因。

① 排放问题。四冲程发动机的进排气系统相对独立，所以进气充足、排气干净。但是二冲程发动机是依靠新混合气把废气顶出去，在实际运行过程中，要么废气排不干净，要么把干净的混合气一起排出去。

② 发动机寿命的问题。四冲程发动机可以在活塞上安装活塞环，在活塞上行时喷入机油，在活塞下行时利用活塞环把机油刮下来，以此来完成气缸的润滑。二冲程发动机的气缸壁上有3个换气通道，所以二冲程发动机在换气过程中把汽油和机油混合在一起，这种润滑的效果远远不如四冲程发动机，导致二冲程发动机的寿命大大短于四冲程发动机。

目前由于新能源混合动力汽车的发展，二冲程发动机做功频率高与小型化的优势吸引了科研机构的关注，它们通过技术创新解决了二冲程发动机的换气难点，从而有效减小了发动机的体积，提高了燃油效率。通过介绍711研究所发动机团队解决特种发动机技术难题的精神，激发学生的创新精神和爱国热情，引导学生敢于挑战困难，促进个人发展，进而提升企业及国家的竞争力。

4. 教学内容分析

（1）教学内容

① 发动机换气过程的特点与要求。
② 四冲程发动机的充气效率。
③ 减小进气阻力提高充气效率的措施。
④ 二冲程发动机的换气过程。

（2）教学重点

发动机换气过程的特点与要求、四冲程发动机与二冲程发动机的换气过程、四冲程发动机的充气效率。

（3）教学难点

发动机的换气过程、进排气门工作相位图、充气效率的影响因素、二冲程发动机换气过程以及对排放的影响。

5. 教学过程

教学环节	教学内容	师生活动	设计意图
课程引入（5分钟）	（1）发动机的换气过程 结合图片（图2.19与图2.20），以比喻方式形象地说明发动机的换气过程：是进气和排气的总称，类似于人的呼吸——先呼出废气，再吸入新鲜空气。好比人跑步，跑得快，换气快；跑得慢，换气慢 图2.19 人的呼吸过程　　图2.20 换气的作用	教师结合人的呼吸过程，形象地讲解发动机的换气过程的特点。 师生互动： 分析发动机的换气和人的呼吸的相同点和不同点	通过图片，形象地讲解发动机换气过程的特点，吸引学生的注意力，激发学生的探究兴趣
	（2）发动机换气过程的要求 ·排出缸内废气，干净彻底。 ·在有限的气缸工作容积下，充入更多的新鲜工质	以肺活量比喻发动机的工作容积，说明呼气和吸气的过程和要求。 师生互动： ·发动机为什么要换气？ ·为什么进气量多好	利用图片，让学生形象地了解发动机换气过程的要求和原因

教学环节	教学内容	师生活动	设计意图
讲授新知（10分钟）	（3）四冲程发动机的换气过程 ➤ 发动机换气过程的分类 ·按进气状态分：超临界排气、亚临界排气。 临界值计算式为 $$\left(\frac{k+1}{2}\right)^{\frac{k}{k-1}}=1.893$$ 发动机进排气过程如图2.21所示。 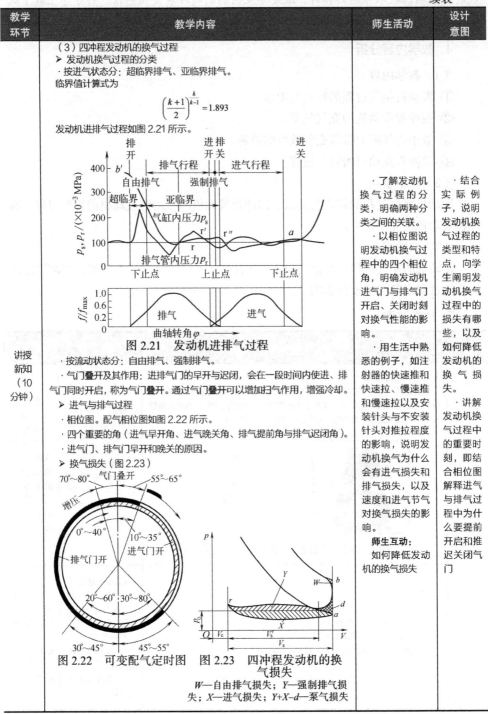 图2.21 发动机进排气过程 ·按流动状态分：自由排气、强制排气。 ·气门叠开及其作用：进排气门的早开与迟闭，会在一段时间内使进、排气门同时开启，称为气门叠开。通过气门叠开可以增加扫气作用，增强冷却。 ➤ 进气与排气过程 ·相位图。配气相位图如图2.22所示。 ·四个重要的角（进气早开角、进气晚关角、排气提前角与排气迟闭角）。 ·进气门、排气门早开和晚关的原因。 ➤ 换气损失（图2.23） 图2.22 可变配气定时图　图2.23 四冲程发动机的换气损失 W—自由排气损失；Y—强制排气损失；X—进气损失；$Y+X-d$—泵气损失	·了解发动机换气过程的分类，明确两种分类之间的关联。 ·以相位图说明发动机换气过程中的四个相位角，明确发动机进气门与排气门开启、关闭时刻对换气性能的影响。 ·用生活中熟悉的例子，如注射器的快速推和快速拉、慢速推和慢速拉以及安装针头与不安装针头对推拉程度的影响，说明发动机换气为什么会有进气损失和排气损失，以及速度和进气节气对换气损失的影响。 **师生互动**： 如何降低发动机的换气损失	·结合实际例子，说明发动机换气过程的类型和特点，向学生阐明发动机换气过程中的损失有哪些，以及如何降低发动机的换气损失。 ·讲解发动机换气过程中的重要时刻，即结合相位图解释进气与排气过程中为什么要提前开启和推迟关闭气门

续表

教学环节	教学内容	师生活动	设计意图
讲授新知识 (13分钟)	（4）四冲程发动机的充气效率及其影响因素 ➢ 充气效率的定义 $$\eta_v = \frac{\text{实际进入气缸的新鲜工质质量}}{\text{进气状态下充满气缸工作容积的工质质量}}$$ $$\eta_v = \frac{m_1}{m_s} = \frac{V_1}{V_s}$$ ➢ 充气效率的影响因素 $$\eta_v = \frac{1}{\varepsilon - 1}\frac{T_s}{p_s}\left(\xi\varepsilon\frac{p_a}{T_a} - \phi\frac{p_r}{T_r}\right) = \xi\frac{1}{\varepsilon - 1}\frac{T_s}{T_a}\frac{p_a}{p_s}\frac{1}{1+\gamma}$$ 影响充气效率的主要因素：进气终点压力和温度、残余废气系数、配气定时、压缩比与大气状态	·通过图片和生活中提高效率的例子，向学生阐明如何提高发动机的充气效率。 ·通过图片和公式，讲述发动机充气效率的定义和影响因素	明确发动机充气效率的定义和影响因素。通过影响因素的分析，阐明如何提高发动机的充气效率
讲授新知识 (12分钟)	（5）二冲程发动机的换气过程 ➢ 二冲程发动机的特点 曲轴回转一周，活塞上下运动两个行程，即完成一个工作循环。 ➢ 二冲程发动机的示功图 图 2.24 二冲程发动机的示功图 ➢ 二冲程发动机的进气增压 二冲程发动机必须采用进气增压才能扫气，进气增压的类型包括曲轴箱扫气、扫气泵（图2.26）与废气涡轮增压。	·教师结合示功图（图2.24）和视频（图2.25），给学生讲解二冲程发动机的工作原理、工作过程及与四冲程发动机的区别。 ·教师结合图片、实物教具和视频，说明二冲程发动机的扫气形式，明确各类扫气形式的优缺点，重点讲述现在比较流行的直流扫气的结构形式和实现方式。 ·教师通过公式，给学生讲解二冲程发动机扫气系扫气质量的评价指标。二冲程发动机的最大问题是废气残留，设计换气质量好的换气系统是二冲程发动机开发的重要内容。 师生互动： ·二冲程发动机和四冲程发动机在工作原理上的区别是什么？各自的优缺点是什么？ ·为什么二冲程发动机在汽车上的应用没有四冲程发动机广泛？二冲程发动机在未来有可能在汽车上应用吗	·明确二冲程发动机的工作原理、结构和优缺点，及与四冲程发动机的主要区别。 ·说明二冲程发动机设计的关键点及解决方法，阐明二冲程发动机未来可能的技术发展方向和可能的应用领域

续表

教学环节	教学内容	师生活动	设计意图
讲授新知识（12分钟）	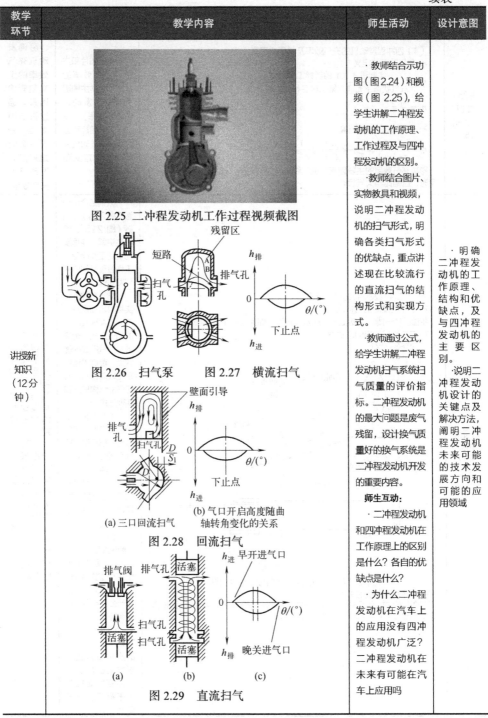 图 2.25 二冲程发动机工作过程视频截图 图 2.26 扫气泵　图 2.27 横流扫气 (a) 三口回流扫气　(b) 气口开启高度随曲轴转角变化的关系 图 2.28 回流扫气 图 2.29 直流扫气	·教师结合示功图（图2.24）和视频（图2.25），给学生讲解二冲程发动机的工作原理、工作过程及与四冲程发动机的区别。 ·教师结合图片、实物教具和视频，说明二冲程发动机的扫气形式，明确各类扫气形式的优缺点，重点讲述现在比较流行的直流扫气的结构形式和实现方式。 ·教师通过公式，给学生讲解二冲程发动机扫气系统扫气质量的评价指标。二冲程发动机的最大问题是废气残留，设计换气质量好的换气系统是二冲程发动机开发的重要内容。 师生互动： ·二冲程发动机和四冲程发动机在工作原理上的区别是什么？各自的优缺点是什么？ ·为什么二冲程发动机在汽车上的应用没有四冲程发动机广泛？二冲程发动机在未来有可能在汽车上应用吗	·明确二冲程发动机的工作原理、结构和优缺点，及与四冲程发动机的主要区别。 ·说明二冲程发动机设计的关键点及解决方法，阐明二冲程发动机未来可能的技术发展方向和可能的应用领域

教学环节	教学内容	师生活动	设计意图
讲授新知识（12分钟）	➤ 二冲程发动机的扫气系统形式 可分为横流扫气、回流扫气与直流扫气（图2.27~图2.29）。横流扫气：扫气效果最差。回流扫气：效果较好，应用广泛。直流扫气：效果最好，复杂度增加。 直流扫气二冲程发动机工作视频截图如图2.30所示。 图2.30　直流扫气二冲程发动机工作视频截图 二冲程发动机如图2.31所示。 图2.31　丰田二冲程自由活塞发动机 ➤ 二冲程发动机扫气系统的扫气质量评价指标 扫气效率：$\eta_s = \dfrac{m_0}{m_s} = \dfrac{m_0}{m_0 + m_r}$ 给气比：$\varphi_0 = \dfrac{m_t}{m_s}$ 给气效率：$\eta_t = \dfrac{m_0}{m_t}$	·教师结合示功图（图2.24）和视频（图2.25），给学生讲解二冲程发动机的工作原理、工作过程及与四冲程发动机的区别。 ·教师结合图片、实物教具和视频，说明二冲程发动机的扫气形式，明确各类扫气形式的优缺点，重点讲述现在比较流行的直流扫气的结构形式和实现方式。 ·教师通过公式，给学生讲解二冲程发动机扫气系统扫气质量的评价指标。二冲程发动机的最大问题是废气残留，设计换气质量好的换气系统是二冲程发动机开发的重要内容。 师生互动： ·二冲程发动机和四冲程发动机在工作原理上的区别是什么？各自的优缺点是什么？ ·为什么二冲程发动机在汽车上的应用没有四冲程发动机广泛？二冲程发动机在未来有可能在汽车上应用吗	·明确二冲程发动机的工作原理、结构和优缺点，及与四冲程发动机的主要区别。 ·说明二冲程发动机设计的关键点及解决方法，阐明二冲程发动机未来可能的技术发展方向和可能的应用领域
课堂小结（5分钟）	课程主要知识点： ➤ 发动机的换气过程的特点与要求 ·发动机换气过程的定义与要求。 ·发动机换气过程的分类与特点。 ·发动机配气相位图。 ·发动机的换气损失。 ➤ 发动机的充气效率与影响因素 ·充气效率的定义。 ·充气效率的影响因素。 ➤ 二冲程发动机的换气过程 ·二冲程发动机与四冲程发动机换气过程的特点。 ·二冲程发动机换气过程的难点。 ·二冲程发动机换气不良导致排放恶化。	简要总结课程核心知识点	通过对知识点的梳理，加深对知识点的掌握
作业布置	简答题 计算题	围绕课程知识点布置课后作业题目	通过作业训练，进一步巩固课堂所学知识点

6. 教学效果分析与反思

（1）教学效果

① 讲解发动机换气过程的要求：排出缸内废气，干净彻底；在有限的气缸工作容积下，充入更多的新鲜工质。以肺活量比喻发动机的工作容积，说明呼气和吸气的过程和要求。

② 用生活中熟悉的例子，如注射器的快速推和快速拉、慢速推和慢速拉以及安装针头与不安装针头对推拉程度的影响，说明发动机换气为什么会有进气损失和排气损失，以及速度和进气节气对换气损失的影响。

③ 通过图片和生活中提高效率的例子，向学生阐明如何提高发动机的充气效率。通过图片和公式，讲述发动机充气效率的定义和影响因素。通过影响因素的分析，阐明如何提高发动机的充气效率。

④ 二冲程发动机换气过程不良导致燃烧不充分，对排放影响较大。若突破二冲程发动机换气技术难点，则可以充分释放二冲程发动机小型化的优势，助力国产混合动力汽车技术。中国船舶集团 711 研究所热气机事业部特种发动机团队历时数十年，相继突破 12 项关键技术，成功研制出拥有完全自主知识产权的新型发动机，被国内外誉为一颗强劲的"中国心"。该新型发动机成功应用于我海军新型 AIP 潜艇上，大大提升了我国海军的作战能力。借此新例，激发学生勇于挑战、敢于创新的热情。

⑤ 2019 年长城汽车旗下的蜂巢易创自主研发的发动机和变速器分别荣获"中国心"十佳发动机和"世界十佳变速器"称号，使国内发动机研发水平步入世界先进行列。

（2）教学反思

① 二冲程发动机开始在摩托车赛事中大放异彩，以卓越的加速性能压倒四冲程发动机，为什么后期反倒被四冲程发动机所取代超越了呢？事物的发展是曲折而漫长的，先期的领先并不意味着持续领先，引导学生认识到只有时刻居安思危、不断努力、推陈出新，才能立于不败之地。

② 目前四冲程发动机正受到二冲程发动机、电池技术的挑战。向学生阐明社会变革和技术革新的重要性，一切落后的技术都要被革新，改革和创新才是解决问题的关键。

③ 通过介绍 711 研究所和"中国心"十佳发动机，让学生明白自主研发、掌握核心技术的重要性。加快科技创新，解决发动机领域的"卡脖子"技术问题，不断提高发动机的热效率和环保性能，是我国年轻一代义不容辞的责任。

2.5.5　发动机的性能指标与理论循环

1. 教学目标

（1）知识目标

了解发动机的分类和发展过程，熟悉发动机的性能指标和要求。熟悉发动机的几种常见循环——定容加热循环、定压加热循环和混合加热循环，拓展讲解米勒循环和阿特金森循环。

（2）能力目标

通过知识点的讲解，让学生能够结合所学知识，对比分析各类发动机的性能的优缺点，利用所学知识进行量产发动机的性能评价，了解汽车发动机的关键技术；对比分析不同发动机循环的特点、不同循环的优缺点和适用对象。开展理论循环热效率的影响因素分析，具体影响因素包含压缩比、预膨胀比、压力升高比与绝热指数。结合推导公式，说明各影响因素如何影响理论循环热效率，各影响因素与实际发动机哪些重要技术有关联及实际意义。从总体上把握影响发动机理论循环热效率的各因素，以及它们的实际应用。

（3）价值目标

通过课程思政，让学生了解我国汽车发动机技术的发展现状，熟悉汽车发动机技术的发展对于汽车产业、环保和能源安全的重要意义；让学生明白掌握汽车发动机核心技术、破除国外公司核心技术壁垒和垄断对于国家安全的重要性，解决"卡脖子"技术是其义不容辞的责任。结合我国高技术发展现状和在发动机方面所取得的成就，强化学生的科学态度、创新精神、危机意识和家国情怀。

2. 教学手段与方法

教学手段：实物教具、动画视频、多媒体课件相结合。

教学方法：课堂讲授+对比分析+案例教学+互动交流。

3. 课程思政元素分析

通过国产发动机的发展让学生了解汽车发动机的关键技术、性能指标和发动机技术发展的意义。结合实际问题，给学生展示一些汽车发动机领域的重要活动的照片和视频，让学生思考汽车发动机的性能指标、核心技术和发展趋势。结合汽车发动机的发展历史和现状，以及我国在汽车发动机领域取得的成就，让学生了解汽车发动机的类型和发展趋势，培养学生的科学态度、敬业精神、社会责任感和家国情怀。

思政切入点：

围绕发动机的性能指标和要求进行讲解。打开"汽车之家"的官网，让学生从消费者的角度思考，自己买车时会关注汽车哪些方面的性能，思考政府会更关注汽车发动机哪些方面的性能。师生互动讨论传统汽车发动机的性能指标和要求。结合实际问题，向学生展示一些汽车发动机领域的重要活动的照片和视频，让学生思考汽车发动机的性能指标、核心技术和发展趋势，进一步引出热力发动机的特点与分类、发动机的特点与分类。

介绍发动机的发展简史，重点介绍我国发动机的发展历程、重要历史事件和发展现状。给学生展示我国各种类型的发动机的重要成果、应用领域和解决的核心技术问题，特别是重点展示最新汽车发动机成果。例如，潍柴动力 2020 年发布了世界上首款热效率超过 50% 的量产柴油机；比亚迪骁云 1.5L 高效率版发动机达到世界最高热效率 43.1%，超过了本田的最高热效率纪录 41%。通过介绍我国发动机的重大变革、我国发动机技术由弱变强的过程和取得的重要成就，培养学生的敬业精神和爱国情怀。

4. 教学内容分析

（1）教学内容

① 汽车发动机技术的发展现状。
② 汽车发动机的性能指标。
③ 汽油机的理论循环。
④ 理论循环热效率的影响因素。

（2）教学重点

汽车发动机的性能指标，发动机的类型与发展现状，理论循环的定义，理论循环的特征参数，理论循环热效率和平均压力推导公式。

（3）教学难点

汽车发动机的性能指标和类型、理论循环的特征参数、理论循环热效率和平均压力推导公式。

5. 教学过程

教学环节	教学内容	师生活动	设计意图
课程引入（10分钟）	（1）发动机技术的发展 结合国内汽车发动机行业的一些重大活动，例如每年一次的十佳发动机评选活动（图 2.32），说明汽车发动机技术的重要发展方向和国内汽车发动机技术现状 图 2.32 "中国心"十佳发动机评选名单	教师结合十佳发动机的评选标准，以及典型汽车发动机的关键技术，引导学生探讨汽车发动机的核心技术和发展趋势	让学生了解汽车发动机的关键技术、性能指标和发动机技术发展的意义

072

第 2 章　汽车发动机原理课程思政教学设计

续表

教学环节	教学内容	师生活动	设计意图
讲授新知（20分钟）	（2）汽车发动机的分类 ➤ 汽车发动机的特点与分类 ·汽车发动机的特点：体积小；质量轻；启动迅速；机械化程度高；发动机停机时，不消耗燃料。 ·汽车发动机的分类（不同的分类方式有不同的结果）：如按工作循环分为增压发动机与非增压发动机（自然吸气发动机）。另外，也可以按工质混合、燃料与转速等分类。 ➤ 发动机的发展状况 　介绍发动机的发展简史，重点介绍我国发动机的发展历程、重要历史事件和发展现状。给学生展示我国各种类型的发动机的重要成果、应用领域和解决的核心技术问题，特别是重点展示最新汽车发动机成果。例如，潍柴动力发布了世界上首款热效率超过 50%的量产柴油机（图 2.33）；比亚迪骁云 1.5L 高效率版发动机达到世界最高热效率 43.1%，超过了本田的最高热效率纪录 41%。通过介绍我国发动机的重大变革，以及我国发动机技术由弱变强的过程和取得的重要成就，培养学生的敬业精神和爱国情怀 图 2.33　潍柴动力高效发动机	·引导讨论：让学生说说自己知道的汽车发动机的类型。 ·汽油机和柴油机的常见应用场景，以及它们之间的区别。 ·在新形势下，汽车发动机的发展趋势	通过介绍汽车发动机的发展历史和现状，以及我国在汽车发动机领域取得的成就，让学生了解汽车发动机的类型和发展趋势，培养学生的科学态度、敬业精神、社会责任感和家国情怀
讲授新知（15分钟）	（3）汽油机理论循环的类型 　结合图片，讲解汽油机常见的理论循环的类型，如米勒循环和阿特金森循环。 汽油机工作过程与循环如图 2.34 所示 图 2.34　汽油机工作过程与理论循环	·让学生上网查阅混合动力汽车一般采用何种理论循环的发动机。 ·传统汽车发动机采用哪种理论循环，它与混合动力汽车发动机的理论循环有何区别。 ·柴油机理论循环和汽油机理论循环的差异	通过图片和探讨，让学生了解汽车发动机理论循环的类型

教学环节	教学内容	师生活动	设计意图
讲授新知（15分钟）	（4）理论循环的定义、目的和假设 ·理论循环的定义及其与实际循环的关联。 ·理论循环和实际循环的差异，如何得到理论循环。 ·理论循环的作用	**师生互动：** ·为什么要研究理论循环？ ·理论循环如何更加接近实际循环	让学生明白理论循环的作用和意义，以及如何得到理论循环
讲授新知（20分钟）	（5）理论循环的特征参数 ·三种基本理论循环：定容加热循环、定压加热循环和混合加热循环。 ·特征参数：压缩比、压力升高比、预膨胀比和绝热指数	**师生互动：** 混合加热循环是如何混合的（图2.35），混合了哪些循环，包括哪些过程	让学生掌握发动机理论循环的类型和特征参数
	（6）理论循环热效率和平均压力推导式 ·混合加热循环的热效率和平均压力推导公式为 $$\eta_{tm}=1-\frac{1}{\varepsilon^{K-1}}\times\frac{\lambda\rho^K-1}{(\lambda-1)+K\lambda(\rho-1)}$$ $$p_{tm}=\frac{\varepsilon^K}{\varepsilon-1}\times\frac{p_a}{K-1}[(\lambda-1)+K\lambda(p-1)]\eta_{tm}$$ a-c：绝热压缩过程 c-z'：定容加热过程 z'-z：定压加热过程 z-b：绝热膨胀过程 b-a：定容放热过程 图 2.35　混合加热循环 ·定容加热循环的热效率和平均压力推导公式为（略） ·定压加热理论循环的热效率和平均压力推导公式为 $$\eta_{tp}=1-\frac{1}{\varepsilon^{K-1}}\times\frac{\rho^K-1}{K(\rho-1)}$$ $$p_{tp}=\frac{\varepsilon^K}{\varepsilon-1}\times\frac{p_a}{K-1}\times K(\rho-1)\eta_{tp}$$ 图 2.36　定容加热循环　　图 2.37　定压加热循环	·通过图片对比，让学生了解混合加热循环、定容加热循环（图2.36）和定压加热循环（图2.37）之间的区别和联系。 ·让学生自行思考：如何从混合加热循环的热效率和平均压力公式推导出定容加热循环和定压加热循环的热效率和平均压力公式（随机提问学生）	利用板书，向学生演示混合加热循环的热效率和平均压力的推导过程，在此基础上，演示定容加热循环和定压加热循环的热效率和平均压力推导

第 2 章　汽车发动机原理课程思政教学设计

续表

教学环节	教学内容	师生活动	设计意图
讲授新知（20分钟）	（7）理论循环的热效率影响因素分析 ·影响因素：压缩比、预膨胀比、压力升高比、绝热指数。 ·讲解：分析各影响因素如何影响理论循环的热效率 图 2.38　比亚迪骁云 1.5L 发动机	结合前面的推导公式，说明各影响因素如何影响理论循环效率。 **师生互动：** 各影响因素和实际发动机哪些重要技术有关联？有何实际意义	从总体上把握影响发动机理论循环热效率的各因素，以及三种理论循环的实际应用。思考在这个效率为王的年代，如何去提升发动机的热效率（结合图 2.38 所示的比亚迪骁云 1.5L 发动机思考）
	（8）实际循环及其与理论循环的比较 结合图片，从理论循环引入，讲解实际循环过程及其与理论循环的差异，进而得到实际循环过程的能量损失。 发动机实际循环示功图如图 2.39 所示 (a) 非增压　　(b) 增压 图 2.39　发动机实际循环示功图	教师结合图片讲解实际循环和理论循环的差异，引导学生思考实际循环过程效率远远低于理论循环效率的原因	通过图片对比，让学生由此及彼、由浅入深、渐进地掌握发动机的实际循环过程及过程中的参数关系和能量损失

续表

教学环节	教学内容	师生活动	设计意图
讲授新知（20分钟）	（9）实际循环过程及参数变化 ·利用工程热力学的相关知识，讲解发动机实际循环过程中的参数关系。 ·进气过程与作用（特点：进气压力小于进气管压力，进气温度大于进气管温度）。 $p_a < p_0$ $\Delta p_a = p_0 - p_a$ $T_a > T_0$ $\Delta T_a = T_a - T_0$ ·压缩过程与作用（特点：多变过程）。 $pV^n = C$ $TV^{n-1} = C$ ·燃烧过程与作用。 ·膨胀过程与作用（特点：和压缩过程相似，多变过程）。 对于汽油机有 $p_b = p_z \left(\dfrac{V_z}{V_b}\right)^{n_2} = \dfrac{p_z}{\varepsilon^{n_2}}$ $T_b = T_z \left(\dfrac{V_z}{V_b}\right)^{n_2-1} = \dfrac{T_z}{\varepsilon^{n_2-1}}$ 对于柴油机有 $p_b = p_z \left(\dfrac{V_z}{V_b}\right)^{n_2} = \dfrac{p_z}{\delta^{n_2}}$ $T_b = T_z \left(\dfrac{V_z}{V_b}\right)^{n_2-1} = \dfrac{T_z}{\delta^{n_2-1}}$ ·排气过程与作用。 ·发动机的工作原理与工作过程的视频（图2.40） 图2.40 发动机工作原理与工作过程的视频的截图	·基于工程热力学知识，推导发动机压缩和膨胀过程中的参数关系。 ·向学生播放四冲程发动机的工作原理和工作过程的视频，学生只需了解发动机的实际工作过程。 师生互动： ·依据工程热力学多变过程方程，讨论压缩和膨胀过程中的参数关系、变化特征和推导公式。 ·发动机压缩比的定义和意义是什么	·利用板书，推导压缩和膨胀过程中参数之间的变化关系。 ·结合视频和推导公式，让学生直观地了解发动机的实际工作过程，以及在工作过程中的参数变化特征

续表

教学环节	教学内容	师生活动	设计意图
课堂小结（5分钟）	**课程主要知识点：** ➢ 汽车发动机的性能指标 ·动力性、经济性和环保性能。 ·其他指标（噪声、振动等）。 ➢ 汽车发动机的分类 ·汽车发动机的发展简史和现状。 ·我国取得的重要成就。 ➢ 理论循环的定义和假设 ·理论循环的定义及其和实际循环的关联。 ➢ 理论循环热效率和平均压力推导公式	简要总结课程核心知识点	通过对知识点的梳理，加深对知识点的掌握
作业布置	简答题 计算题	围绕课程知识点布置课后作业题目	通过作业训练，进一步巩固课堂所学知识点

6. 教学效果分析与反思

（1）教学效果

① 分析不同汽车发动机理论循环的来源和发明者，简单介绍发明者的个人经历和贡献，讲解每位发明者发明发动机理论循环的意义和应用，培养学生的科学态度、创新精神和工匠精神。

② 向学生讲解汽车发动机技术的重要意义和发展现状。结合国内汽车发动机行业的一些重大活动，例如每年一次的十佳发动机评选活动，说明汽车发动机技术的重要发展方向和国内汽车发动机技术的现状。

③ 教师通过介绍十佳发动机的评选标准与典型汽车发动机的关键技术，引导学生探讨汽车发动机的核心技术和发展趋势。打开"汽车之家"的官网，让学生从消费者的角度思考自己买车时会关注汽车哪些方面的性能，思考政府会更关注汽车发动机哪些方面的性能。通过师生互动问题使学生理解传统汽车发动机的性能指标和要求，了解汽车发动机的发展趋势。

④ 介绍国产发动机的技术改进方向。如比亚迪重新设计活塞造型，提高滚流效应；另外，采用小缸径、大行程的气缸设计，让燃烧室内的混合气在点火时更集中，燃烧效果更好；再辅助阿特金森循环、冷却 EGR 等技术，让发动机在高压缩

比的状态下依然能有比较好的爆震控制。

⑤ 讲解企业为了提升国产发动机热效率、降低排放所做的努力。例如，使用EGR废气再循环技术，将部分燃烧后排出的气体再次引入气缸内进行二次燃烧；为了提升热效率，采用高 EGR 率，使更多的废气被二次引入气缸；水冷系统对高温废气进行降温（降到100℃左右），防止产生爆震、不正常燃烧等问题。介绍国产发动机降低摩擦损失的措施，包括优化零部件结构设计、提高材料性能等。

（2）教学反思

① 在以效率为王的年代，应该如何提升发动机的热效率。在思政教学中引入比亚迪骁云1.5L 发动机——最高热效率达到43.1%，超过丰田最高热效率纪录41%。由比亚迪骁云 1.5L 发动机引申出我国在发动机技术上取得的重要成就，培养学生的自豪感，提升学生追求探索的工匠精神和爱国情怀。

② 注重挖掘提炼课程的典型育人元素，注意结合身边模范人物的工匠精神和家国情怀对学生进行思想熏陶和价值提升，做到课程教学有温度。

③ 向学生讲解在过去很长一段时间内，中国品牌车企的汽油发动机最高热效率在37%，近些年从奇瑞1.5T 发动机的 37.1%、广汽 2.0T 发动机的 38%到一汽2.0T 发动机的39%，再到长安蓝鲸1.4T 发动机的40%、广汽 2.0L 混动专用发动机的 42.1%（未量产），中国发动机在热效率方面取得了飞快的进步。而比亚迪的骁云 1.5L 发动机已打破热效率的世界纪录。虽然这台发动机的热效率排在了世界前列，但是它的硬件配置并不算丰富，因为它做了很多减法（如未安装缸内直喷、排气侧 VVT 正时机构、涡轮增压器等）。歧管喷射虽然不及缸内直喷来得直接，但是喷油雾化效果更好，对于这台不追求高功率输出的发动机来说足以满足需求。省去直喷系统和涡轮增压系统两大部分，使发动机的成本大大降低。

2.5.6　废气涡轮增压器

1. 教学目标

（1）知识目标

① 了解发动机的原理与未来发展趋势。

② 了解发动机的前沿技术，从而激发学生的求知欲，养成终身学习的习惯。

（2）能力目标

掌握废气涡轮增压器的基本结构、内部构件、轴承分类、气封和油封。

（3）价值目标

分析废气涡轮增压器对汽车发展的影响；结合我国发动机领域的建设成就和典型劳模事迹，强化学生的科学态度、创新精神、机遇与挑战意识和家国情怀。

2. 教学手段与方法

教学手段：实物教具、动画视频、多媒体课件相结合。

教学方法：课堂讲授+对比分析+案例教学+互动交流。

3. 课程思政元素分析

汽车产业是国民经济重要的支柱产业，产业链长、关联度高、就业面广、消费拉动大，在国民经济和社会发展中发挥着重要作用。而发动机作为汽车的心脏，不言而喻，对于汽车是很重要的。汽车的发展在很大程度上依赖于发动机的发展。

思政切入点：

① 发动机作为汽车中的"皇冠"，其中的每个部件都相当的重要，而很多发动机的先进技术仍掌握在外国人手中，由此引导学生树立科学观和一丝不苟的工匠精神，培养学生的创新意识、社会主义核心价值观。

② 没有科学观不行，没有知识也不行，知识需要通过学习和实践获得，由此引入专业知识——废气涡轮增压器在汽车上的应用。

4. 教学内容分析

（1）教学内容

① 废气涡轮增压器的结构。

② 废气涡轮增压器的内部构件。

③ 轴与轴承。

④ 气封、油封和思政元素融入。

（2）教学重点

废气涡轮增压器的结构与工作原理、轴承的分类、废气涡轮增压器的提升、涡轮增加发动机的原理。

（3）教学难点

废气涡轮增压器的工作原理与工作特性，不同轴承的应用场景，气封和油封的工作原理。

5. 教学过程

教学环节	教学内容	师生活动	设计意图
课程引入（10分钟）	（1）废气涡轮增压器的结构（图 2.41 与图 2.42） 结合图片，阐述废气涡轮增压器的结构：由轴流式废气涡轮、涡轮进气箱、喷嘴环、工作叶轮、排气箱等组成 图 2.41 废气涡轮增压系统 图 2.42 废气涡轮增压器的构造	结合废气涡轮增压器的发展历程，简要说明废气涡轮增压器的结构	通过图片展示，吸引学生的注意力，激发学生的探究兴趣

续表

教学环节	教学内容	师生活动	设计意图
讲授新知（25分钟）	（2）废气涡轮增压器的内部构件（图2.43） 有离心式压气机、进气消音器、进气箱、压气机叶轮（由前弯的导风轮和半开式工作轮组成）、扩压器、排气箱（排气蜗壳）等 图2.43 废气涡轮增压器的内部构件	·阐明离心式压气机的组成。 ·阐明压气机叶轮的主要组成。 **师生互动：** ·压气机是如何工作的？ ·在发动机上对压气机叶轮有怎样的严格要求	阐明压气机的工作原理，增加学生的知识
讲授新知（25分钟）	（3）轴与轴承 ➢ 外支撑轴承 ·优点：转子稳定性好，轴承受高温气体影响较小，便于密封，有利于延长轴承寿命。 ·缺点：质量大，尺寸大，清洗困难，结构复杂。 ·应用：大型废气涡轮增压器。 ➢ 悬臂支撑轴承 ·优点：减少了轮盘的摩擦损失，从而改进了综合效率。两个轴承均布置在冷的壳体内，轴承的工作条件好。 ·缺点：需要解决热传导、不同的线膨胀等问题。转子有较大的悬臂力矩，要仔细地研究转子和轴承组合的动力特性。 ·应用：已开始在大型废气涡轮增压器上使用。 ➢ 压气机端轴承 止推轴承：承受转子径向与轴向负荷，并将转子在轴向定位。 ➢ 涡轮端轴承 ·支持轴承：只承受转子的径向负荷。 ·滚动轴承：摩擦损失小，用于中小型增压器。 ·滑动轴承：结构简单，寿命长，用于大型增压器（润滑方式：甩油盘飞溅润滑、专用油泵润滑、柴油机润滑系统供油润滑）。 ➢ 按不同方式对轴承进行分类 ·支撑方式：内支撑轴承、外支撑轴承、内外支撑轴承、悬臂支撑轴承。 ·安装位置：压气机端轴承、涡轮端轴承。 ·摩擦副形式：滚动轴承、滑动轴承。 ·润滑方式：飞溅润滑、专用油泵润滑、润滑系统供油油润滑	·分析不同轴承的优缺点与应用情况。 ·根据不同的分类方式对轴承进行分类	通过对比分析不同轴承的优缺点，让学生更加深入掌握在不同场景应选用的具体轴承

续表

教学环节	教学内容	师生活动	设计意图
讲授新知（15分钟）	（4）气封与油封 ➢ 作用 防止燃气、空气和润滑油泄漏。 ➢ 涡轮端 轴向气封环、轴向油封、径向气封。 ➢ 压气机端 轴向油封环、轴向气封环、径向气封、轴向气封。 ➢ 气封的基本形式 ➢ 气封的基本原理 ➢ 油封的基本原理 将传动部件中需要润滑的部件与外部零件隔离，防止润滑油渗漏 图 2.44　涡轮增压器结构组成 （标注：密封环、涡壳、浮动轴承、压气机壳、涡轮、压气机叶轮、推力轴承、中间体、旁通阀执行机构）	·通过图片指出气封和油封的位置（图2.44）。 ·阐述气封和油封的工作原理。 师生互动： ·气封和油封的优缺点有哪些？ ·利用典型案例塑造学生的家国情怀	·阐明气封和油封的工作原理以及各自的优缺点；通过案例分析，进行基本理论的工程应用训练。 ·结合背景分析，揭示危机的两面性，强化学生把握机遇、直面挑战的态度；以英雄模范事迹，强化对学生的价值引领
课堂小结（5分钟）	课程主要知识点： ➢ 涡轮增压器的结构 ·废气涡轮。 ·涡轮进气箱。 ·喷嘴环。 ·工作叶轮。 ·排气箱。 ➢ 轴与轴承 ·外支撑轴承。 ·悬臂支撑轴承。 ·压气机端轴承。 ·涡轮端轴承。 ·轴承分类。 ➢ 气封与油封 ·气封的基本形式。 ·气封的基本原理。	简要总结课程核心知识点	梳理课程知识点，加深学生对知识点的掌握
作业布置	分析题： 简述废气涡轮增压器提升发动机性能的原理	围绕课程知识点和价值引领布置课后作业	通过作业训练，巩固课堂所学知识点

6. 教学效果分析与反思

（1）教学效果

① 通过实际案例，以危机的两面性训练学生的辩证思维。通过介绍小小的废

气涡轮增压器具有非常复杂的结构，而在发动机上很多这样的精密部件的制造技术还掌握在外国人手里，启发学生树立创新意识、危机意识和挑战意识。

② 将理论讲解与实物教具、动画视频相结合，在向学生传授基本理论知识的同时，通过工程案例提升学生的知识运用能力。注重从发动机不同部件协同工作以达到最佳效能的角度，训练学生的系统思维和团队合作意识。

③ 师生互动积极，学生发言踊跃，学生满意度高，教学效果良好。

（2）教学反思

① 结合课程知识背景分析，把握时机，自然融入育人元素是开展课程思政教学的有效方法。

② 注重挖掘提炼课程的典型育人元素，注意结合身边模范人物的工匠精神和家国情怀对学生进行思想熏陶和价值提升，做到课程教学有温度。

③ 在教学过程中，应加强实物教具、多媒体课件等优质课程资源建设。注重在知识传授的同时，结合工程案例提升学生知识运用和创新的能力，使课程教学有方法、有高度、有深度。

④ 注重提升教师自身的理论素养和育人能力，加强教育教学改革和实践探索，进一步提升课程教学效果。

第3章

汽车理论课程思政教学设计

3.1 课程概况

课程名称：汽车理论
课程性质：专业课程
专　　业：车辆工程
教学对象：大三本科生
使用教材：余志生.汽车理论.第 6 版.北京：机械工业出版社，2018 年
学分/学时：3/48
课程类型：专业核心课程
课程简介：该课程是车辆工程专业的专业核心课程，主要讲授汽车基本工作原理、行驶特性、汽车性能变化规律和影响汽车工作性能的主要因素；让学生了解改变汽车性能的技术措施与研究方向；培养学生养成灵活运用理论知识、自学和深入探究等良好习惯，树立正确的思想政治品质，建立正确的价值观。

3.2 课程教学目标

3.2.1 知识能力目标

① 掌握汽车行驶性能的基本定义和评价方法，反映汽车行驶性能的主要内容、性能分类，汽车各行驶工况的工作特性、基本原理，以及本课程在汽车制造业中的应用、汽车制造业为其他领域提供的支持。

② 掌握汽车驱动行驶特性、燃油经济性、动力匹配、制动性及操纵稳定性等理论，了解汽车结构参数与使用状况对汽车行驶性能产生影响的规律，能够运用基本知识和基本原理分析汽车行驶性能的变化规律。

③ 掌握融会贯通"汽车理论"课程所有知识点的方法，能够灵活运用汽车理论知识分析相关具体问题，有针对性地提出改善汽车行驶性能的方法。

④ 掌握改变汽车行驶性能的技术措施，了解技术研究方向以及新技术的研究与应用状况，并具有知识产权保护的意识。能够选择与使用恰当的现代工程工具和信息技术工具对复杂车辆工程问题进行研究，为车辆的自主开发提供技术支撑。

3.2.2 课程思政教学目标

本课程思政教学基于 OBE 的理念，结合"汽车理论"课程特点，挖掘相关要素，通过课堂讨论、线上互动、网课展示、线下作业等形式，增强学生的探索精神，培育创新能力。

3.3 课程思政总体设计

3.3.1 课程思政特征分析

"中国制造 2025"的主线是将信息化和工业化深度融合，通过运用互联网技术，集众人之智，将"中国制造"联系在一起。而这恰恰与创新密切相关，通过创新思维，利用互联网+技术，将工业制造智能化。为社会输送合格人才是高校的主要任务，而创新能力更是合格人才的标配。另外，根据国家需要对制造业进行转型和升级，将爱国情怀根植于每一名学生的心里，也是当代高校的任务。

3.3.2 课程思政方案设计

课程章节	知识点	课程思政教学要点	所属思政维度	教学方法
第一章	·汽车的动力性指标 ·汽车的驱动力与行驶阻力 ·汽车的驱动力-行驶阻力平衡图 ·汽车行驶的附着条件与汽车的附着率 ·汽车的功率平衡 ·装有液力变矩器的汽车的动力性	以上汽大通生产的负压救护车出口国外为例，培养学生的民族品牌担当意识，激发爱国情怀和人文情怀	·爱国情怀 ·人文情怀	事实与理论结合
第二章	·汽车燃油经济性的评价指标 ·汽车燃油经济性的计算 ·影响汽车燃油经济性的因素 ·装有液力变矩器的汽车的燃油经济性计算 ·电动汽车的研究	上汽通用五菱改建口罩生产线，助战疫情	·生命至上 ·责任担当	事实与理论结合
第三章	·发动机功率的选择 ·最小传动比的选择 ·最大传动比的选择 ·传动系挡数与各挡传动比的选择 ·利用燃油经济性-加速时间曲线确定动力装置参数	通过讲述我国汽车产业的飞速发展和技术创新，培养学生的爱国主义精神	爱国主义	事实与理论结合
第四章	·制动性的评价指标 ·制动时车轮的受力 ·制动效能及其恒定性 ·制动时汽车的方向稳定性 ·前后制动器制动力的比例关系、同步附着系数的选择以及对前后制动器制动力分配的要求	培养学生知识产权保护意识，加强行业核心技术的保护	知识产权保护意识	事实与理论结合

续表

课程章节	知识点	课程思政教学要点	所属思政维度	教学方法
第五章	·轮胎的侧偏特性 ·线性二自由度汽车模型对前轮角输入的响应 ·汽车操纵稳定性与悬架的关系 ·汽车操纵稳定性与转向系统的关系	以我国汽车产业打造本国自主产业链的过程,鼓励学生自立自强	自立自强	事实与理论结合

3.4 学情分析

本班大多数学生学习热情较高,渴求对专业知识的掌握和应用,特别关注汽车新结构和新技术的发展。学生上课注意力集中,对课程表现出较高的学习兴趣,课间时常会与教师讨论问题。学生都能按时完成作业,而且绝大多数的作业完成质量很好。本班学生对教师的授课方式很满意。

3.5 典型教学案例

3.5.1 汽车的动力性

1. 教学目标

(1) 知识目标

掌握汽车行驶性能的基本定义和评价方法,掌握反映汽车行驶性能的主要内容、性能分类,汽车各行驶工况的工作特性、基本原理,以及本课程在汽车制造业中的应用、汽车制造业为其他领域提供支持,强化学生的爱国情怀。

(2) 能力目标

通过案例讲解以及理论分析,让学生了解汽车动力性的重要意义,发散学生的思维,将汽车动力性与生活实际相联系,并通过理论分析如何利用汽车动力性解决生活中的问题,使学生思维方式多样化,提高学生的创新思维。

(3) 价值目标

掌握汽车主要性能的内容,了解汽车动力性的含义;能够根据已有信息,对汽车动力进行初步判断,能利用方程求解出汽车最高速度。结合当前我国汽车制造业的发展前景,激发学生的爱国情怀,鼓励学生开阔思路,为我国汽车制造业添砖加瓦。

2. 教学手段与方法

教学手段:实体教具、动画视频、多媒体课件相结合。

教学方法：课堂讲授+对比分析+案例教学+互动交流。

3. 课程思政元素分析

汽车制造业对其他领域有支持作用。2020 年年初的一场疫情突如其来，举国上下，众志成城，抗击病魔。2020 年 1 月 25 日，一声号召，上汽大通全面开工，10 天后 60 辆上汽大通 V80 变身负压救护车，奔赴武汉，对疫情的重灾区进行支援。因疫情需要，上汽通用五菱联合供应商通过改建生产线的方式转产口罩，助力疫情防控阻击战，一个月内共设置 14 条口罩生产线，其中 4 条为 N95 口罩生产线、10 条为一般医用防护口罩生产线。这些只是全国汽车人的缩影，是汽车人爱国主义的集中体现。汽车的强劲动力性不仅仅体现在汽车本身的性能上，而且体现在汽车人对国家各个领域支援的响应速度上。汽车人是国家的一分子，尽管是很小的一分子，但是有着深深的爱国情怀，无论在哪里，都时刻准备着。对于即将成为汽车人的大学生来说，要传承汽车人的优良传统。

思政切入点

当前我国所处的国际环境，使我国的高技术发展面临着巨大挑战，但同时也激发了我国的自主创新热潮。上汽集团响应国家号召，在疫情防控期间对车辆进行科研攻关，短期内改装了负压救护车，缓解了疫情防控的压力。同时，将多个行业与汽车相联系，如无人操控快递/外卖小车等，拓宽了汽车的应用领域，为中国制造业由"制造"转向"智造"打下了基础。

4. 教学内容分析

（1）教学内容

① 掌握动力性评定的内容与动力性指标的评价方法。

② 掌握汽车驱动行驶原理、驱动力与行驶阻力的计算方法以及行驶方程式的建立方法。

③ 掌握汽车驱动力和行驶阻力的分析方法，汽车行驶阻力存在的条件、组成以及影响因素分析；学会运用汽车动力特性图确定汽车的动力性。

④ 掌握汽车行驶的附着性能的分析与计算方法。

⑤ 掌握运用汽车功率平衡方法分析汽车行驶时的动力性和经济性。

⑥ 掌握液力变矩器的基本工作原理，了解装有液力变矩器的汽车的动力性。

⑦ 通过例题讲解，在几种受力情况下列出行驶方程，计算汽车最高速度。

（2）教学重点

汽车动力性指标、汽车驱动力与行驶阻力之间的平衡关系、汽车附着条件和附着率。

（3）教学难点

通过驱动力与行驶阻力之间的平衡关系列出方程，求解汽车最高速度；根据已有信息计算汽车附着率，判断不同工况下汽车是否满足附着条件。

5. 教学过程

教学环节	教学内容	师生活动	设计意图
课程引入（15分钟）	（1）概述 结合视频引出学生对汽车性能的思考。 汽车性能实验台如图3.1所示 图3.1 汽车性能实验台 （2）汽车的动力性指标 ·分析汽车的动力性指标。 ·观察变速器的结构（图3.2与图3.3），分析不同挡位对动力性的影响 图3.2 变速器结构示意图 图3.3 七挡变速器	·结合汽车性能的变化，引出学生对汽车发展的思考。 ·观察实体教具，近距离感受汽车构件，加深对内容的理解 ·分析汽车的动力性指标，阐明每个指标的意义。 ·明白各挡位与动力性的关系	通过视频展示，吸引学生的注意力，激发学生的探究兴趣 利用板书进行理论推导，阐明变速器工作原理，提升学生的知识运用能力，为之后的学习做好铺垫
讲授新知（20分钟）	（3）汽车的驱动力与行驶阻力（图3.4） ·掌握汽车驱动行驶原理。 ·掌握驱动力与行驶阻力的计算方法，行驶方程式的建立方法。 ·掌握汽车驱动力和行驶阻力的分析方法，汽车行驶阻力存在的条件、组成及影响因素分析；学会运用汽车动力特性图确定汽车的动力性	对驱动力和行驶阻力之间的关系进行讲解，分析驱动行驶原理	利用板书进行理论推导，通过分析驱动力曲线与行驶阻力曲线，让学生对汽车动力性进行分析

续表

教学环节	教学内容	师生活动	设计意图
讲授新知（20分钟）	图3.4 车速与挡位的关系	对驱动力和行驶阻力之间的关系进行讲解，分析驱动行驶原理	利用板书进行理论推导，通过分析驱动力曲线与行驶阻力曲线，让学生对汽车动力性进行分析
讲授新知（10分钟）	（4）汽车行驶的附着条件与汽车的附着率（图3.5）掌握汽车行驶的附着性能分析与计算方法 图3.5 附着系数与滑移率的关系	结合生活中的实际案例，思考汽车的附着条件以及产生的影响	阐明汽车附着条件，进行基本理论的工程应用训练
课间讨论（5分钟）	老师提出问题，学生根据问题自由发言，提出自己的疑问	对之前所讲内容进行举例，让学生进行思考	拓展学生思路，引导学生利用理论知识解释生活现象
讲授新知（20分钟）	（5）汽车的功率平衡 掌握运用汽车功率平衡方法分析汽车行驶时的动力性和经济性	通过对动力性和经济性的分析，使学生能够把握合适的设计标准。 师生互动： 在行驶过程中是开窗更节能还是开空调更节能	从汽车整体经济性启发学生打破惯性思维
讲授新知（25分钟）	（6）装有液力变矩器的汽车的动力性 掌握液力变矩器的基本工作原理，了解装有液力变矩器的汽车的动力性	·通过分析让学生初步理解液力变矩器的功能与作用。 ·按照液力变矩器不同的功能作用，选择合适的使用条件。 ·通过课堂互动，让学生进一步理解液力变矩器	对含有不同液力变矩器的汽车的功率进行比较，启发学生用不同方式解决不同问题

续表

教学环节	教学内容	师生活动	设计意图
作业布置	· 根据已知数据计算最高速度和驱动力。 已知奥迪 A4 轿车发动机的数据（如下表），i_{g1}=2.13，i_0=6.333，r=0.317m，η_T=0.90，由 $F_t = \dfrac{T_{tq}i_g i_0 \eta_T}{r}$ 和 $u_a = 0.377 \dfrac{nr}{i_g i_0}$ 可以对应计算出 1 挡的 F_t 和 u_{a1}。 |		n_{min}	n_{tq}	n_p	n_{max} | |---|---|---|---|---|---| | | n/(r/min) | 800 | 3300 | 5700 | 6200 | | | T_{tq}/(N·m) | 142 | 195 | 159 | 143 | | i_{g1}=2.13 | F_{t1}/N | 5438 | 7468 | 6089 | 5477 | | | u_{a1}/(km/h) | 7.1 | 29.2 | 50.5 | 54.9 | · 分析不同工况下受到的阻力。 · 计算汽车不同工况下的附着率，判断汽车是否满足附着条件。假设两种轿车的附着率曲线如图 3.6 所示。 图 3.6　两种轿车的附着率曲线 思考：如果路面附着系数 c_φ=0.7，两种轿车 1 挡的动力性可否得到充分发挥	围绕课程知识点和价值引领布置课后作业	通过作业训练，巩固课堂所学知识点

6. 教学效果分析与反思

（1）教学效果

① 通过实际案例，让学生切实地感受到所学知识在生活中的应用，通过所学知识能够解决现实中的问题。另外，通过介绍汽车产业的背景，让学生对未来就业方向有初步规划，对制造业发展方向有初步了解。

② 通过讨论与思考，让学生意识到创新思维带给科技的巨大变化以及制造业企业的社会责任，这对"创新精神"的培养有重要的基础作用。

③ 师生互动积极，学生发言踊跃，学生满意度高，教学效果良好。

（2）教学反思

① 在视频教学中增加对我国汽车产业与尖端汽车技术的介绍，使学生对所学专业有更全面的理解和掌握。

② 通过更多的案例，让学生知道国外对我国的技术封锁，认识到突破知识产权壁垒的重要性，激发学生的爱国情怀，拓展学生的学习思路，发散学生的创新思维。

③ 在教学过程中，应加强课程理论与实践的结合，注重在知识传授的同时，结合工程案例训练学生的知识运用和创新的能力，使课程教学能够与学生未来发展相结合。

④ 注重提升教师自身的理论素养和育人能力，加强教育教学改革和实践探索，进一步提升课程教学效果。

3.5.2 智能汽车技术

1. 教学目标

（1）知识目标

熟悉智能汽车关键技术，如感知、决策、控制与执行等，掌握智能汽车关键构造及其工作原理。

（2）能力目标

能够结合所学知识，对比分析智能汽车在感知、决策、控制方面所应用的不同软硬件的差异，了解智能汽车关键技术的设计原理。

（3）价值目标

分析智能汽车的发展历史和对未来交通系统的深远影响，结合我国近年在智能汽车领域的发展与成果，强化学生的科学态度、创新精神、机遇与挑战意识和家国情怀。

2. 教学手段与方法

教学手段：实物教具、动画视频、多媒体课件相结合。

教学方法：课堂讲授+对比分析+案例教学+互动交流。

3. 课程思政元素分析

智能驾驶技术已经成为整个汽车产业的最新发展方向，改变了整个汽车产业的生态，其背后蕴含着丰富的思政元素。随着人工智能、机器视觉等技术的不断发展，人们开始在汽车上探索新的可能，将人工智能、视觉计算、雷达、监控和卫星定位等技术应用于汽车的升级改造，于是自动驾驶诞生了。自动驾驶是提升道路交通智能化水平、推动交通运输行业转型升级的重要途径，也是带动交通、汽车、通信等领域融合发展的有利契机。

思政切入点：

① 紧密结合创新变革背景，树立辩证唯物思想，阐明"危机"具有两面性。危机在带来危害的同时，也同样蕴含着生机，进一步启发学生树立正确的危机意识，要善于把握历史机遇，勇于开拓创新。

② 我国将发展人工智能上升为国家战略，而自动驾驶列为汽车产业未来发展的重要方向，激发了相关领域的自主创新热潮。在颁布的《新一代人工智能发展规划》中，明确了我国人工智能的发展将分"三步走"，在 2030 年使中国人工智能理论、技术与应用总体达到世界领先水平。《新一代人工智能发展规划》中多次提及要重点发展汽车产业中的自动驾驶技术，并且要在智能交通建设和自主无人驾驶技术平台等方面实现突破。

③ 思政案例引入：我国智能网联汽车发展中，战略与标准并重，聚焦于产业指导与测试示范管理政策。从部委行动上升为国家战略，我国着力完善智能网联汽车顶层设计及基础支撑环境，逐步形成以发展规划及标准建设为核心的产业政策体系。《上海市智能网联汽车开放道路测试报告（2020 年）》指出，按照"着眼全域、分片开放、聚焦应用、分类测试、负面清单、动态管理"的指导原则，在嘉定、临港、奉贤、金桥 4 个测试区开放了 433.3km 道路。其中嘉定区聚焦"先"，定位打造"L3+高度自动驾驶创新示范区"；临港新片区聚焦"新"，定位打造"未来交通新模式创新示范区"；奉贤区聚焦"全"，定位打造"全出行链智能驾驶创新示范区"；浦东金桥区域聚焦"智"，定位打造"融合交通基础设施创新示范区"。2022 年 12 月，智能汽车（即具备自适应巡航或全速自适应巡航，同时又配备车道保持辅助系统的车型）销量为 338214 辆，环比上涨 16.57%，同比上涨 55.99%。大规模现实场景、海量数据对于智能汽车的研发具有非凡的意义，其可以帮助汽车更好地感知道路场景、开展智能车辆的测试评价、建立道路测试安全风险评估技术体系，为智能驾驶技术的发展革新保驾护航。

4. 教学内容分析

（1）教学内容
① 智能汽车的概念。
② 智能汽车的关键技术。
③ 智能汽车的发展历史和思政元素融入。
④ 智能汽车关键构造与其工作原理。

（2）教学重点
自动驾驶关键技术及其工作原理、自动驾驶软硬件与平台。

（3）教学难点

智能汽车控制技术中 PID 控制的原理与设计。

5. 教学过程

教学环节	教学内容	师生活动	设计意图
课程引入（10分钟）	（1）智能汽车的概念与自动驾驶等级 结合视频，引入智能汽车的概念并阐述自动驾驶等级划分。 智能汽车关键构造如图 3.7 所示 图 3.7　智能汽车关键构造	结合现有自动驾驶车辆，引导学生对智能汽车产生新的认识	通过视频展示，吸引学生的注意力，激发学生的探究兴趣
	（2）近现代智能汽车的发展历史 介绍近现代无人驾驶汽车的发展历史，如图 3.8～图 3.10 所示 图 3.8　无人车概念 图 3.9　近代无人驾驶汽车	师生互动： ·向学生提出无人驾驶汽车比赛的相关问题。 ·提问近代无人驾驶汽车能实现的功能	利用相关资料阐述问题，阐明自动驾驶的工作原理，提升学生的知识运用能力

第 3 章　汽车理论课程思政教学设计

续表

教学环节	教学内容	师生活动	设计意图
课程引入（10分钟）	图 3.10　现代无人驾驶汽车	师生互动： ·向学生提出无人驾驶汽车比赛的相关问题。 ·提问近代无人驾驶汽车能实现的功能	利用相关资料阐述问题，阐明自动驾驶的工作机理，提升学生的知识运用能力
思政案例引入（10分钟）	（3）中国智能汽车的发展 介绍中国智能汽车的发展历史、政策支持、取得的成绩以及相较于国外智能汽车发展的优势。 我国开放道路建设的三个阶段如图 3.11 所示 图 3.11　我国开放道路建设的三个阶段	结合近年智能汽车发展取得的成果，引导学生了解我国智能汽车发展的优势，培养学生的爱国情怀，树立制度自信	通过对智能汽车应用场景与测试数据的介绍，培养学生的思维能力、创新能力，继而助力建设国内自动驾驶产业
讲授新知（10分钟）	（4）智能汽车关键技术概述 ·感知技术。 ·路径决策与规划。 ·定位系统与定位技术。 ·控制及执行	·阐述分析自动驾驶的关键技术。 ·以自动驾驶造成的事故说明现有技术的缺陷。 ·利用典型案例塑造学生的家国情怀	结合感知技术的背景，揭示事物发展的两面性，树立学生把握机遇、直面挑战的态度，强化对学生的价值引领

续表

教学环节	教学内容	师生活动	设计意图
讲授新知（10分钟）	（5）智能汽车感知技术 ➤ 感知的定义 ➤ 感知技术的目标 ・静态目标。 ・动态目标。 ➤ 当前感知技术中的挑战 图3.12 静动态目标感知	・通过图片与视频对比（图3.12），分析感知技术中动态目标与静态目标的区别。 ・引导学生理解发展感知技术的目的与意义。 ・引入感知技术基本公式，如自车定位、速度、航向，帮助学生加深认识	阐明感知技术创新路径，通过案例分析，进行基本理论的工程应用训练
讲授新知（10分钟）	（6）智能汽车决策规划技术 ➤ 智能汽车决策的定义 ➤ 驾驶决策规划寻径算法的分类 ・Dijkstra算法。 ・A*算法（图3.13）。 ➤ 智能汽车路径规划的目的 图3.13 A*算法寻路	结合图片与视频，说明决策规划技术在整个智能汽车系统中扮演的角色与其意义。 师生互动： 汽车从A到B点有几种规划方法，需要考虑哪些因素	让学生采用小组合作方式解决智能汽车决策规划的相关问题，培养团队合作意识

续表

教学环节	教学内容	师生活动	设计意图
讲授新知（10分钟）	（7）智能汽车导航与定位技术 ➤ 导航与定位基础知识 ➤ 导航与定位技术的分类 ➤ 导航与定位技术中坐标系的分类 · 地心地固坐标系（图3.14）。 · 导航坐标系（图3.15） 图 3.14　地心地固坐标系 图 3.15　导航坐标系	结合图片、实物教具和视频，分析导航与定位技术的公式和工作原理	阐明导航与定位技术的作用，分析各种导航与定位技术的原理，训练学生的理论应用能力

续表

教学环节	教学内容	师生活动	设计意图
讲授新知（10分钟）	（8）智能汽车控制技术 ➢ 智能汽车控制的目的与策略 ➢ 车辆典型控制方法 　·PID 控制（图 3.16）。 　·模型预测控制。 ➢ 车辆横纵向控制 ➢ PID 控制 图 3.16　PID 控制	·结合图片、视频、实物教具，分析智能汽车控制的目的与工作原理。 ·阐述 PID 控制的原理，以及 P、I、D 所代表的含义	阐明智能汽车控制技术工作原理、各个控制方法的优缺点，以及 PID 控制的公式与案例，提升学生的理论应用能力
讲授新知（20分钟）	（9）智能汽车软硬件与平台 ➢ 传感器 ·激光雷达（图 3.17）、毫米波雷达（图 3.18）、超声波雷达。 ·摄像头。 ·组合导航。 图 3.17　激光雷达 图 3.18　毫米波雷达 ➢ 计算平台主要功能 ·获取传感器数据。 ·数据处理。 ➢ 智能汽车仿真平台 ·CarSim 平台。 ·PanoSim 平台（图 3.19）。 ·Adams 平台 图 3.19　PanoSim 平台	·结合图片与视频，了解智能汽车软硬件的分类，理解其工作原理。 ·分析智能驾驶平台的功能，运用汽车仿真软件进行简单的智能汽车仿真实验。 ·理解智能汽车计算平台的功能与原理，了解行业内现有的计算系统	结合实际案例，阐明智能汽车软硬件的工作过程和工作原理，通过汽车仿真软件加强控制逻辑和控制策略训练，提高学生解决复杂工程问题的能力

续表

教学环节	教学内容	师生活动	设计意图
课堂小结（10分钟）	课程主要知识点： ➢ 智能汽车的 SAE 分级 ➢ 智能汽车关键技术 · 感知技术。 · 决策规划技术。 · 导航与定位技术。 · 控制技术。 ➢ PID 控制 · PID 控制的原理。 · PID 控制的案例与实操	简要总结课程核心知识点	梳理课程知识点，加深学生对知识点的掌握
作业布置	分析题： ① 自动驾驶的等级分为几级（SAE 分级），每级能应对的工况是什么？ ② 自动驾驶中的感知传感器分别有哪些？能够实现什么样的功能？其优缺点是什么	围绕课程知识点和价值引领布置课后作业	通过作业训练，巩固课堂所学知识点

6. 教学效果分析与反思

（1）教学效果

① 通过实际案例，训练学生的辩证思维。通过对智能汽车技术的学习，让学生明白"自主创新核心科技"是强国之路，坚定"科技兴国"的理想信念。在汽车理论思政中，倡导学生要有创新精神、创造意识、创新思维、创新能力，还要有自立、自强的本领。

② 将理论讲解与实物教具、动画视频相结合，在向学生传授基本理论知识的同时，通过工程案例提升学生的知识运用能力，注重以汽车感知、决策控制等协同工作达到最佳自动驾驶效果来训练学生的系统思维和团队合作意识。

③ 以颁布的《新一代人工智能发展规划》为依托，阐述我国自动驾驶的发展历史与发展规划，以及通过脚踏实地、精益求精、刻苦攻关所取得的自动驾驶核心技术突破，进行价值提升，孕育学生的担当意识和家国情怀。

④ 基于学生个体发展需求，教师通过有针对性的引导措施，以问题为导向，培养学生良好的问题探究与解决的能力，使得学生在接受理论知识教育的同时，实现自我全面的成长与发展。

⑤ 师生互动积极，学生发言踊跃，学生满意度高，教学效果良好。

（2）教学反思

① 结合课程知识背景分析，把握时机，自然融入育人元素是开展课程思政教学的有效途径。

② 始终遵守国家的各项政策、法规，在课程教学过程中将爱国情怀、团结意识、集体荣誉感等价值观以思政课程向学生传授。

③ 注重挖掘提炼课程的典型育人元素，注意结合产业内知名企业的技术突破

和家国情怀对学生进行思想熏陶和价值提升,做到课程教学有温度。

④ 在教学过程中,应加强实物教具、多媒体课件等优质课程资源建设,注重在知识传授的同时,结合工程案例训练学生的知识运用和创新的能力,使课程教学有方法、有高度、有深度。

⑤ 注重提升教师自身的理论素养和育人能力,加强教育教学改革和实践探索,进一步提升课程教学效果。

⑥ 要坚持把立德树人作为中心环节,把思想政治工作贯穿教育教学全过程,实现全程育人、全方位育人。

第4章

汽车设计课程思政教学设计

4.1 课程概况

课程名称：汽车设计
课程性质：专业核心课
专　　业：车辆工程
教学对象：大四本科生
使用教材：王望予. 汽车设计. 第 4 版. 北京：机械工业出版社，2011 年
学分/学时：3/48
课程类型：线下课程
课程简介：该课程是车辆工程专业的核心课。该课程系统地介绍汽车整车设计与各主要总成设计的基本原理和方法、现代汽车的设计方法以及先进汽车的设计技术。

4.2 课程教学目标

4.2.1 知识能力目标

① 掌握汽车设计的基础知识和基本概念，掌握汽车各总成的特点、分类、基本组成、工作原理及其设计开发方法与流程。

② 掌握汽车系统和零部件设计的理论和方法，掌握关键参数选择与设计的计算方法，具备汽车整车和关键总成系统的设计能力。

③ 掌握汽车零部件的优化设计和可靠性设计等新的设计方法，在汽车零部件设计中具备创新思维以及考虑安全、健康、环境等因素的能力。

④ 理解对汽车整车和总成系统设计在社会、健康以及安全等方面的要求，能够分析与评价设计方案对上述各方面的影响。

4.2.2 课程思政教学目标

一个国家的汽车制造水平一定程度上反映了该国的整体科技水平。"汽车设计"课程不仅包含专业理论知识和设计实践，而且具有中国制造和大国工匠精神的内涵。因此，在专业课程教学过程中应进一步凝练出"汽车设计"课程的思政内容，

在专业理论知识教学中提升学生的民族自豪感，增强学生的国家荣誉感。结合我国汽车产业的发展历程和非凡成就，坚定学生的四个自信。

4.3 课程思政总体设计

4.3.1 课程思政特征分析

该课程系统地介绍汽车整车设计与各主要总成设计的基本原理和方法、现代汽车的设计方法以及先进汽车的设计技术。通过课程学习，使学生了解国内外汽车产业的发展历史、现状与未来趋势，了解与现代汽车设计和先进汽车设计相关的理论、工艺、材料和方法，开阔学生的专业视野，培养学生的创新思维，增强学生对我国汽车产业发展成就的民族自豪感，提升学生为我国汽车产业引领国际创新潮流、争创国际一流而奋斗的使命感。通过课程思政的建设，凝练大学生的社会责任感和担当意识，为国家培养政治过硬、理念先进、技术娴熟的综合型应用人才。

4.3.2 课程思政方案设计

课程章节	知识点	课程思政教学要点	所属思政维度	教学方法
第一章	·汽车发展简史 ·汽车的总体布置 ·汽车主要参数的选择 ·运动校核	结合我国汽车产业的快速发展和创新经历，进行爱国主义教育，培养学生的大国工匠精神，使其为我国早日成为世界制造强国而刻苦学习	·工匠精神 ·爱国主义	·讲授法 ·演绎法 ·案例教学
第二章	·离合器主要参数的选择 ·离合器的设计与计算 ·扭转减振器的设计 ·离合器的操纵机构 ·膜片弹簧的特性及其受力分析	离合器是离和合一对矛盾的对立统一体。人生有悲欢离合，世界也在不断的变化中，从人到事，到处充满了离和合。培养学生的一分为二的辩证唯物主义世界观	·矛盾的对立统一 ·辩证唯物观	·讲授法 ·案例教学 ·启发式教学
第三章	·变速器传动机构的布置 ·变速器主要参数的选择 ·变速器的设计与计算 ·同步器的设计 ·变速器的操纵机构	通过变速器改变速度以适应不同运行工况的需要，以及我国经济和汽车产业适应时代需要，不断满足人民物质文化需求的快速发展历程，激发学生的民族自豪感，树立四个自信	·四个自信	·案例教学 ·互动教学

续表

课程章节	知识点	课程思政教学要点	所属思政维度	教学方法
第四章	·万向节的运动和受力分析 ·万向节的结构与设计 ·传动轴的结构与设计 ·中间支撑的结构与设计	以万向节的"开放包容"特性，阐明做人要有同情心和包容心，能够包容接纳不同意见和建议，兼听则明，博采众长，这是事业成功的法宝	·开放包容 ·博采众长	·启发式教学 ·案例教学
第五章	·驱动桥的结构方案 ·主减速器的设计 ·差速器的设计 ·车轮传动装置的设计 ·驱动桥壳的设计	以钱学森等老一辈科学家的爱国情怀对学生进行爱国主义教育	·爱国主义	·演绎法 ·案例教学
第六章	·悬架结构形式分析 ·悬架主要参数的确定 ·弹性元件的计算 ·独立悬架导向机构的设计 ·减振器	结合现实进行思政教育，培养学生的爱国主义精神和吃苦精神	·劳动观念 ·爱国主义	·演绎法 ·案例教学
第七章	·机械式转向器的结构方案 ·转向系统的主要性能参数 ·机械式转向器的设计与计算 ·动力转向机构 ·转向梯形 ·转向减振器	结合现实进行思政教育，培养学生爱国敬业、责任担当精神	·爱国敬业 ·责任担当	·演绎法 ·案例教学
第八章	·制动器的结构方案 ·制动器主要参数的确定 ·制动器的设计与计算 ·制动驱动机构的设计与计算 ·制动力调节机构 ·制动器的主要结构元件	结合现实对学生进行思想品德教育	·爱国敬业 ·责任担当	·演绎法 ·案例教学

4.4 学情分析

学生听课比较认真，能够及时复习课程教学内容，按时完成作业。课余时间与学生沟通交流发现，学生的上进心较强，希望通过课程学习切实提高知识运用能力。学生普遍乐于接受新鲜事物，特别关注汽车新技术的发展动向，对工程实际案例很感兴趣，为通过案例对其进行价值塑造提供了很好的条件。

4.5 典型教学案例

4.5.1 汽车总体设计

1. 教学目标

（1）知识目标

掌握汽车总体设计的基础知识。

（2）能力目标

掌握汽车总体设计的基本方法、汽车总体设计的基本流程。通过典型人物王晓秋的事迹介绍汽车设计技术的发展、成就，提高学生分析问题的能力和理论联系实际的能力。

（3）价值目标

结合案例，了解目前汽车市场的现状，明确与时俱进、创新意识对汽车设计的重要性，引导学生树立与时俱进精神、创新意识。结合上汽总裁王晓秋的职业生涯、欧阳明高院士在新能源汽车方面的创新突破，增强学生的民族自信和家国情怀，坚定"四个自信"。

2. 教学手段与方法

教学手段：图片资料、多媒体课件相结合。

教学方法：课堂讲授+对比分析+案例教学+互动交流。

3. 课程思政元素分析

分析汽车各总成对汽车性能的影响，聚焦国家关注的汽车设计技术的重大问题，从团队教师在研国家自然科学基金项目中提炼汽车设计问题作为课堂讨论主题，来帮助学生了解学科前沿、开阔学术视野。结合我国汽车设计技术发展现状和在汽车设计技术方面取得的成就，提高学生分析问题的能力和理论联系实际的能力，强化学生的科学态度、工匠精神、创新精神、危机意识和家国情怀。

思政切入点：

① 紧密结合创新变革背景，聚焦国家关注的汽车设计技术的重大问题，从团队教师在研国家自然科学基金项目中提炼汽车设计技术问题作为课堂讨论主题，来帮助学生了解学科前沿、开阔学术视野，使其善于把握历史机遇、勇于开拓创新。

② 结合案例，培养学生的与时俱进的创新意识、社会主义核心价值观，树立学生的工匠精神、与时俱进精神、创新意识。结合上汽总裁王晓秋的职业生涯、欧阳明高院

士在新能源汽车方面的创新突破，增强学生的民族自信和家国情怀，坚定"四个自信"。

4. 教学内容分析

（1）教学内容

① 汽车总体设计概念。
② 汽车形式的选择。
③ 汽车主要参数的选择。
④ 汽车的总体布置。
⑤ 运动校核。

（2）教学重点

汽车总体设计的主要阶段包括试制、试验、改进、定型。

（3）教学难点

汽车总体设计各个阶段的基本设计方法。

5. 教学过程

教学环节	教学内容	师生活动	设计意图
课程引入（5分钟）	（1）总体设计应满足的基本要求 结合PPT，讲授总体设计应满足的基本要求	结合PPT说明总体设计应满足的基本要求	通过图片，吸引学生的注意力，激发其探究兴趣
讲授新知（15分钟）	（2）汽车开发程序 ·设计任务书编制阶段。 ·技术设计阶段。 ·试制、试验、改进、定型阶段。 ·生产准备阶段。 ·生产销售阶段 图4.1 汽车轮廓外形设计	·以自主品牌为例，介绍汽车从设计到最终上市的过程。 ·概念设计：造型设计和制作油泥模型。图4.1所示为汽车轮廓外形设计。 ·工程设计：总体布置设计。 师生互动： 一款新车的诞生一般要经过哪几个阶段	利用PPT结合图片，讲解一款新车的诞生一般要经过设计、试验和制造三个阶段，其中设计阶段又分为概念设计和工程设计两大过程。提升学生的汽车总体设计能力

续表

教学环节	教学内容	师生活动	设计意图
讲授新知（10分钟）	（3）思政元素融入 · 第一辆自主品牌轿车：东风牌轿车。 1958年5月，中国历史上第一辆自主品牌轿车诞生。 1998年，在红旗轿车诞生40周年之际，新一代高级红旗轿车再度成为国家礼宾用车。 · 第一辆自主研发的汽车：奇瑞汽车。 2001年3月，奇瑞（风云）轿车成功推向市场，短短两年时间，一款风云轿车使奇瑞迅速成为国内主流轿车企业，跻身国内轿车行业"八强"之列。 · 自主的挑战与荣耀。 我国汽车设计的发展成就——身边的模范人物事迹——上汽集团总裁王晓秋。 2021年3月底，全新荣威i6 PLUS上市，分析其面临的挑战	利用典型案例塑造学生的家国情怀。 师生互动： · 汽车史上第一辆车是什么？ · 我国第一辆自主品牌的汽车是什么？ · 我国第一辆自主研发的汽车是什么	结合背景分析，介绍我国汽车设计的发展成就。通过介绍上汽集团总裁王晓秋在自主品牌研发上的成就，培养学生的与时俱进精神、创新意识、社会主义核心价值观
讲授新知（45分钟）	（4）汽车形式的选择 · 汽车形式和主要参数的选择。 · 发动机的选择。 · 车身形式。 · 轮胎的选择 图4.2 汽车形式的选择（PPT讲解）	结合PPT（图4.2)，讲解汽车形式和主要参数的选择、发动机的选择、轮胎的选择	阐明汽车总体设计的基本内容，并通过案例分析，训练学生的基本理论的工程应用能力
讲授新知（45分钟）	（5）汽车的总体布置 图4.3 汽车的总体布置（PPT讲解）	结合PPT（图4.3)，讲解汽车的总体布置过程	阐明汽车总体布置过程，训练学生的设计能力

续表

教学环节	教学内容	师生活动	设计意图
讲授新知（10分钟）	（6）运动校核 **第八节　运动校核** （1）原则上有相对运动的地方都要进行运动干涉校核：转向传动机构与悬架运动的校核。 （2）作转向轮跳动图，确定转向轮上跳和转向到极限位置时所占用的空间，然后据此确定翼子板开口形状、轮罩形状、减振器的最大拉伸和压缩长度，同时校核转向轮与纵拉杆、车架等之间的间隙是否合适。 （3）根据悬架跳动量，作传动轴跳动图，确定传动轴上、下跳动的极限及最大摆角，校核传动轴与横梁的间隙，以及传动轴长度的变化。 （4）当后桥左、右轮在极限高度差位置时，决定货车车用地板高度和后轮挡泥板位置，校核后钢板弹簧U形螺栓与车架之间的间隙。 图 4.4　运动校核（PPT 讲解）	结合PPT（图4.4），讲解汽车设计中的运动校核	阐明汽车设计中的运动校核方法，提升学生的理论应用能力
课堂小结（5分钟）	课堂主要知识点： ·总体设计应满足的基本要求。 ·汽车开发程序。 ·汽车形式的选择。 ·汽车总体设计。	简要总结课程核心知识点	梳理课程知识点，加深学生对知识点的掌握
作业布置	简答题： ① 汽车新产品开发的一般程序是什么？ ② 我国自主品牌轿车最先进的技术有哪些？有哪些启示。	围绕课程知识点和价值引领布置课后作业	通过作业训练，巩固课堂所学知识点

6. 教学效果分析与反思

（1）教学效果

① 通过中国第一辆自主品牌轿车的发展历程和目前自主研发汽车的现状，展示汽车自主品牌的变迁以及技术成就，把中国制造的强大与党的英明领导结合起来，激发学生的求知欲，培养学生的社会主义核心价值观、工匠精神、与时俱进精神、创新意识。

② 师生互动积极，学生发言踊跃，学生满意度高，教学效果良好。

（2）教学反思

① 结合课程知识背景分析，把握时机，自然融入育人元素是开展课程思政教学的有效途径。

② 注重挖掘提炼课程的典型育人元素，注意结合身边模范人物的工匠精神和家国情怀，对学生进行思想熏陶和价值提升，做到课程教学有温度。

③ 注重提升教师自身的理论素养和育人能力，加强教育教学改革和实践探索，进一步提升课程教学效果。

4.5.2 汽车制动系统设计

1. 教学目标

（1）知识目标

掌握汽车制动系统设计的基本步骤。

（2）能力目标

能够结合所学知识，对比分析汽车制动系统不同历史发展阶段的特点，对汽车制动系统进行评价，掌握汽车制动系统设计的基本方法。

（3）价值目标

无人驾驶的智能化是智能汽车的发展方向。了解我国汽车制动系统的发展现状，熟悉汽车制动系统的发展对于汽车产业、环保和安全的重要意义。结合我国在汽车制动系统方面取得的成就，强化学生的科学态度、创新精神、危机意识和家国情怀。

2. 教学手段与方法

教学手段：多媒体课件。

教学方法：课堂讲授+对比分析+案例教学+互动交流。

3. 课程思政元素分析

无人驾驶的智能化是智能汽车的发展方向。分析汽车制动系统的重要性，阐述智能汽车的发展趋势。21世纪中叶，将是智能化普遍应用于各领域、智能化完成程度极高的时代。恰逢党的"两个一百年"的奋斗时期，我国在产业升级与智能化方面齐头并进，持之以恒，不懈努力。在这个重大战略机遇期，汽车人需把握住时代机遇，强化自身研发、创造、制造优势，推动汽车产业的高质量、快速、可持续地发展。

思政切入点：

汽车制动系统与行车安全密切相关，紧密结合智能汽车发展背景，引导学生探讨汽车制动系统的核心技术和发展趋势，树立学生的辩证唯物思想，使学生了解学科前沿、开阔学术视野，使学生善于把握历史机遇，勇于开拓创新。

4. 教学内容分析

（1）教学内容

① 制动系统设计概述。

② 制动器的结构方案分析。

③ 制动器主要参数的确定。

④ 制动器的设计与计算。

（2）教学重点

制动器的结构方案分析、制动器主要参数的确定、制动器的设计与计算。

（3）教学难点

制动器的结构方案分析、制动器主要参数的确定、制动器的设计与计算。

5. 教学过程

教学环节	教学内容	师生活动	设计意图
课程引入（10分钟）	（1）制动系统设计概述（图4.5） 功用：使汽车以适当的减速度降速行驶直至停车；在下坡行驶时，使汽车保持适当的稳定车速；使汽车可靠地停在原地或坡道上 图4.5 制动系统设计（PPT图片）	教师通过行车安全与制动系统的密切关系，引导学生探讨汽车制动系统的核心技术和发展趋势	让学生了解汽车制动系统的关键技术、汽车制动系统发展的意义
讲授新知（20分钟）	（2）制动器的结构方案分析 一、鼓式制动器 图4.6 鼓式制动器示意图（PPT图片）	·结合PPT（图4.6），讲解汽车制动器的结构形式。 ·在新形势下，汽车制动系统的发展趋势	结合我国在汽车制动系统领域取得的成就，让学生了解汽车制动系统的发展趋势，培养学生的科学态度、敬业精神、社会责任感和家国情怀

续表

教学环节	教学内容	师生活动	设计意图
讲授新知（45分钟）	（3）制动器主要参数的确定 一、鼓式制动器主要参数的确定 1. 制动鼓内径 D 轿车：$D/D_r=0.64\sim0.74$ 货车：$D/D_r=0.70\sim0.83$ 2. 摩擦衬片宽度 b 和包角 β 摩擦衬片包角 β：$90°\sim100°$时，磨损最小，制动鼓温度最低，且制动效能最高。 衬片宽度 b 较大可以减少磨损，但过大将不易保证与制动鼓全面接触。制动衬片宽度尺寸系列见QC/T 309—1999。 图4.7 鼓式制动器主要参数（PPT图片）	结合PPT（图4.7），讲解制动器主要参数的确定	阐明汽车制动器主要参数的确定，训练学生的设计能力
讲授新知（15分钟）	（4）制动器的设计与计算 一、鼓式制动器的设计与计算 1. 压力沿衬片长度方向的分布规律 ● 制动蹄有一个自由度和两个自由度之分。 ●（1）计算有两个自由度的紧蹄（增势蹄）摩擦衬片的径向变形规律。 (a) 具有两个自由度的紧蹄　(b) 具有一个自由度的紧蹄 图4.8 鼓式制动器计算案例（PPT图片）	结合PPT（图4.8），讲解制动器的设计与计算	阐明制动器的设计与计算，训练学生的设计能力
讲授思政内容（10分钟）	（5）思政元素融入 ·将社会热点思政元素融入知识学习和能力培养。 ·无人驾驶的智能化是智能汽车的发展方向。 通过案例分析，树立学生的危机意识、科学态度、创新精神、家国情怀、大国自信	把社会热点元素融入专业知识，引导学生在未来工作中紧跟智能汽车新技术的发展，进行汽车制动新技术的研发。 师生互动： 无人驾驶智能汽车中的制动系统的结构是怎样的	通过PPT、图片和探讨，了解汽车制动技术的发展现状，培养学生的与时俱进精神、创新能力
课堂小结（5分钟）	课程主要知识点： ·制动系统设计概述。 ·制动器的结构方案分析。 ·制动器主要参数的确定。 ·制动器的设计与计算	简要总结课程核心知识点	通过对知识点的梳理，加深对知识点的掌握
作业布置	分析题： 无人驾驶智能汽车中的制动系统的结构是怎样的	围绕课程知识点布置课后作业题目	通过作业训练，进一步巩固课堂所学知识点

6. 教学效果分析与反思

（1）教学效果

① 无人驾驶的智能化是智能汽车的发展方向，通过行车安全与汽车制动系统的密切关系，激发学生对汽车制动系统的重视，培养学生的探求意识、与时俱进精神和创新意识，以及社会主义核心价值观、工匠精神。

② 结合智能汽车的研发，将社会热点融入专业知识，赋予知识价值取向，增强学生的危机意识、科学观、民族自信和家国情怀，坚定"四个自信"。

③ 师生互动积极，学生发言踊跃，学生满意度高，教学效果良好。

（2）教学反思

① 结合课程知识背景分析，把握时机，自然融入育人元素是开展课程思政教学的有效途径。

② 注重挖掘提炼课程的典型育人元素，注意结合社会热点对学生进行思想熏陶和价值提升，做到课程教学有温度。

③ 在教学过程中，应加强多媒体课件等优质课程资源建设；注重在知识传授的同时，结合工程案例训练学生的知识运用和创新能力，使课程教学有方法、有高度、有深度。

④ 注重提升教师自身的理论素养和育人能力，加强教育教学改革和实践探索，进一步提升课程教学效果。

4.5.3 汽车 ABS

1. 教学目标

（1）知识目标

熟悉汽车制动系统的基本概念［如制动效能、制动效能稳定性、制动力分配、滑移率、制动力调节机构、限压阀、防抱死制动系统（ABS）等］，掌握汽车 ABS 的基本结构组成和工作原理。

（2）能力目标

能够结合所学知识，对比分析不同汽车制动系统的结构和性能的差异；能够依据汽车 ABS 的具体结构，制定 ABS 的基本控制策略。

（3）价值目标

分析汽车 ABS 产生的历史背景及其对汽车发展的深远影响，结合我国汽车制动系统的发展成就，强化学生的科技攻关精神、创新精神、机遇与挑战意识和家国情怀。

2. 教学手段与方法

教学手段：实物教具、动画视频、多媒体课件相结合。

教学方法：课堂讲授+对比分析+案例教学+互动交流。

3. 课程思政元素分析

汽车 ABS 的发明是汽车发展史上具有划时代意义的创新变革事件，使汽车的行驶安全性发生了质的飞跃，其背后蕴含着丰富的思政元素。ABS 可在汽车制动时根据车轮的运动自动地调节车轮的制动压力，防止车轮抱死。ABS 实质上就是使传统的制动过程变为瞬间的控制过程，即在制动时使车轮与地面达到"抱而不死，死而不抱"的状态。其作用是使车轮与地面的摩擦力达到最大，同时又避免后轮侧滑和前轮丧失转向能力，以使汽车取得最佳的制动效能。因此，ABS 具有以下优点。

① 缩短制动距离。ABS 能保证汽车在雨后、冰雪及泥泞路面上获得较高的制动效能，防止汽车侧滑甩尾（松散的沙土和积雪很深的路面除外）。

② 保持汽车制动时的方向稳定性。

③ 保持汽车制动时的转向稳定性。

④ 减少汽车制动时的轮胎磨损。ABS 能防止轮胎在制动过程中产生剧烈的拖痕，延长轮胎使用寿命。

⑤ 缓解驾驶员的驾驶疲劳（特别是汽车制动时的紧张情绪）。

鉴于 ABS 具有如上的优点，所以该系统的装车率逐年上升。

ABS 由英国人霍纳摩尔于 1920 年发明并申请专利。早在 20 世纪 30 年代，ABS 就已经在铁路机车的制动系统中应用，目的是防止车轮在制动过程中抱死，导致车轮与钢轨局部急剧摩擦而过早损坏。1936 年德国博世公司取得了 ABS 专利权。ABS 是由装在车轮上的电磁式转速传感器和控制液压的电磁阀组成，使用开关方法对制动压力进行控制。

20 世纪 40 年代末期，为了缩短飞机着陆时的滑行距离，防止轮胎在制动时跑偏、甩尾和剧烈磨损，飞机制动系统开始采用 ABS，其很快成为飞机的标准装备。20 世纪 50 年代，ABS 开始应用于汽车产业。1951 年，Goodyear 公司将其装于载重车上；1954 年，福特汽车公司在林肯车上装用法国航空公司的 ABS。

1978 年，ABS 有了突破性发展，博世公司与奔驰公司合作研制出三通道四轮带有数字式控制器的 ABS，并批量装于奔驰轿车上。由于微处理器的引入，使 ABS 开始具有了智能，从而奠定了汽车 ABS 的基本模式。

1981 年，德国的威伯科（WABCO）公司与奔驰公司在载重车上装用了数字式 ABS，ABS 的市场占有率迅速上升。20 世纪 80 年代中期以后，借助于电子控制技术的进步，ABS 更为灵敏、成本更低、安装更方便、价格更易被中小型家用轿车生产商所接受。这期间较为典型的 ABS 有博世（Bosch）公司于 1979 年推出的 Bosch2 型，德国特威斯（Teves）于 1984 年推出的具有防抱死制动和驱动防滑功能的 ABS/ASR 2U 型。机械元件与电子元件持续不断地发展和改进，使 ABS 的优越性越来越明显。随着激烈的竞争、技术的日趋成熟，ABS 变得更精密、更可靠，价格也在下降。

1987 年，欧共体颁布了一项法规，要求从 1991 年起，欧共体所有成员国生产的所有新车型均需装备防抱死制动系统，同时规定凡载重 16t 以上的货车必须装备 ABS，并且禁止进口无此装置的汽车。日本规定，从 1991 年起，总质量超过 13t 的牵引车、总质量超过 10t 的运送危险品的拖车、在高速公路上行驶的大客车都必须安装 ABS。目前，ABS 在汽车上的应用越来越广泛，已成为绝大多数汽车的标准装备。北美和西欧的各类客车和轻型货车 ABS 的装备率已达 90%以上，轿车 ABS 的装备率在 60%左右，运送危险品的货车 ABS 的装备率为 100%。

我国对 ABS 的研究开始于 20 世纪 80 年代初。目前，我国政府已制定车辆安全性方面的强制性法规。我国有许多单位从事 ABS 的研制工作，如东风公司、重庆公路研究所、北京理工大学、清华大学、上海汽车制动系统有限公司和山东重汽集团等。其中，山东重汽集团引进国际先进技术进行研究已取得了一些进展。重庆公路研究所研制的适用于中型汽车的气制动 FKX-ACI 型 ABS 已通过国家级技术鉴定，但其对各种制动情况的适应性还有待提高。清华大学研制出适用于轻型和小型汽车的液压 ABS。北京理工大学和上海汽车制动系统有限公司致力于轿车的液压 ABS 的研究，已分别取得初步成果。

思政切入点：

① 科技的进步和发展不是一蹴而就的，需要人们有持之以恒的探索和创新精神。世上无难事，只要肯登攀。进一步启发学生的攀登科技高峰的远大理想，使其刻苦钻研，开拓创新。

② 当前我国所处的国际环境，给我国的高技术发展带来了巨大挑战，但同时也激发了我国的自主创新热潮。我国有许多单位从事 ABS 的研制工作，如东风公司、重庆公路研究所、北京理工大学、清华大学、上海汽车制动系统有限公司和山东重汽集团等已在 ABS 的技术攻关方面取得重大进展，并形成自己的知识产权。例如，重庆公路研究所研制的适用于中型汽车的气制动 FKX-ACI 型 ABS 已通过国家级技术鉴定。

4. 教学内容分析

（1）教学内容

① 汽车制动力的调节方式。
② 等压阀的工作原理和主要缺点。
③ 汽车 ABS 产生的历史背景和思政元素融入。
④ 汽车 ABS 的结构组成和工作原理。

（2）教学重点

汽车 ABS 的结构组成与工作原理、制动力和滑移率的控制方法。

（3）教学难点

汽车 ABS 的电子控制器（ECU）、制动压力调节器以及制动压力的实时调节。

5. 教学过程

教学环节	教学内容	师生活动	设计意图
课程引入（10分钟）	（1）制动力调节装置简介 ·制动时要求前轮先抱死，后轮后抱死，防止汽车甩尾，从而减少危险，提高行驶安全性。 ·为满足上述要求可供采取的措施有多种：安装限压阀、比例阀、惯性阀，安装 ABS。 ·限压阀结构简单，适用于轴荷转移较多的轻型汽车上	结合汽车百年发展历程，简要说明制动力调节机构的发展过程	通过图片展示，吸引学生的注意力，激发学生的探究兴趣
	（2）制动力调节装置的主要缺点 限压阀、比例阀、惯性阀的工作原理与主要缺点 图 4.9　限压阀的工作原理与静特性 1—满载理想特性；2—空载理想特性	·分析限压阀工作原理[图4.9（a）]。 ·阐明限压阀的主要缺点	利用图片和视频，阐明限压阀工作原理，提升学生的知识运用能力
讲授新知(15分钟)	（3）ABS 的发展历史 ·ABS 技术由英国人霍纳摩尔于 1920 年发明并申请专利。早在 20 世纪 30 年代，ABS 就已经在铁路机车的制动系统中应用，目的是防止车轮在制动过程中抱死，导致车轮与钢轨局部急剧摩擦而过早损坏。 ·20 世纪 50 年代，ABS 开始应用于汽车产业。 ·1978 年，ABS 有了突破性发展，博世公司与奔驰公司合作研制出三通道四轮带有数字式控制器的 ABS，并批量装于奔驰轿车上。 ·1981 年，德国的威伯科（WABCO）公司与奔驰公司在载重车上装用了数字式 ABS，ABS 的市场占有率迅速上升。 ·目前，ABS 在汽车上的应用越来越广泛，已成为绝大多数汽车的标准装备。 ·重庆公路研究所研制的适用于中型汽车的气制动 FKX-ACI 型 ABS 已通过国家级技术鉴定，但对各种制动情况的适应性还有待提高。清华大学研制出适用于轻型和小型汽车的液压 ABS。北京理工大学和上海汽车制动系统有限公司致力于轿车的液压 ABS 的研究，已分别取得初步成果	·对 ABS 的发展历史进行分析。 ·以 ABS 的发展变革，启发学生锐意进取、满足大众需求的意识，培养其科学态度和创新精神。 ·利用国内研发机构 ABS 典型设计案例塑造学生的家国情怀	结合 ABS 发展历史，树立学生把握市场机遇、直面挑战的意识；以国产 ABS 产品开发的历程，强化对学生的价值引领，培养其挑战技术难点的精神

续表

教学环节	教学内容	师生活动	设计意图
讲授新知（10分钟）	（4）ABS 的组成和工作原理 ➢ ABS 的组成 由转速传感器、电子控制器、压力调节器等组成（图 4.10）。 ·转速传感器：用来测定车轮转速。 ·电子控制器：功能有以下几个。 a）计算车轮的速度、滑移率、加速度。 b）根据计算结果对压力调节器发出控制指令。 ·压力调节器：由电磁阀、油泵、电动机组成，调节管路中变化的压力。 图 4.10　ABS 的组成 1—踏板；2—主缸；3—压力调节器；4—轮缸；5—制动盘；6—车轮；7—转速传感器；8—回轮齿圈；9—电子控制器；10—报警灯 ➢ ABS 的工作原理 ·当车轮滑移率在 15%～20% 时，轮胎与地面之间有最大纵向附着系数 φ_z，同时侧向附着系数 φ_c 也较大。 ·ABS 通过使趋于抱死的车轮的制动压力反复地经过保持—减小—增大的过程，将趋于抱死的车轮的滑移率控制在峰值系数对应的滑移率的附近范围内（0.2），直至汽车速度减小到很低或者制动主缸的输出压力不再使车轮趋于抱死状态为止	·通过图片掌握 ABS 的组成。 ·分析 ABS 各部件在车辆安全中所起到的作用。 ·掌握控制参数对防抱死功能的影响	阐明 ABS 的技术创新路径，并通过案例分析，训练学生基本理论的工程应用能力
讲授新知（10分钟）	（5）ASR/EBS 等其他新制动控制系统 ·防滑控制（ASR）系统。 ·电子制动系统（EBS）。 ·车辆动力学控制（VDC）系统。 在 ABS 基础上，ASR/EBS 通过测量转向盘转角、横摆角速度、侧向加速度对车辆的状态进行控制。VDC 系统根据转向角、油门、制动压力，通过观测器决定出车辆应具有的名义运动状态	结合图片，说明 ASR/EBS 的总体结构与工作原理	从 ABS、ASR/EBS 的协作关系，启发学生的系统观念和团队合作意识
课堂小结（5分钟）	课程主要知识点： ➢ 制动力调节装置 ·限压阀、比例阀、惯性阀。 ·各装置的优缺点。 ➢ ABS 的结构组成 ·转速传感器。 ·电子控制器。 ·压力调节器。 ➢ ABS 的工作原理 ·控制滑移率。 ·控制策略。 ·ABS 与 ASR/EBS 的协同工作	简要总结课程核心知识点	梳理课程知识点，加深学生对知识点的掌握

续表

教学环节	教学内容	师生活动	设计意图
作业布置	分析题： ① ABS 对汽车发展有哪些影响？ ② 博世公司为什么能将英国人霍纳摩尔的专利技术在汽车上成功推广应用？有哪些启示	围绕课程知识点和价值引领布置课后作业	通过作业训练，巩固课堂所学知识

6. 教学效果分析与反思

（1）教学效果

① 通过实际案例，以 ABS 的创新和发展历程启发学生树立创新意识和挑战意识。

② 将理论讲解与实物教具、动画视频相结合，在向学生传授基本理论知识的同时，通过工程案例提升学生的知识运用能力；从汽车不同部件和不同系统协同工作达到最佳效能的角度训练学生的系统思维和团队合作意识。

③ 师生互动积极，学生发言踊跃，学生满意度高，教学效果良好。

（2）教学反思

① 结合课程知识背景分析，把握时机，自然融入育人元素是开展课程思政教学的有效途径。

② 注重挖掘提炼课程的典型育人元素，注意结合模范人物的工匠精神和家国情怀，对学生进行思想熏陶和价值提升，做到课程教学有温度。

③ 在教学过程中，应加强实物教具、多媒体课件等优质课程资源建设；注重在知识传授的同时，结合工程案例训练学生的知识运用和创新的能力，使课程教学有方法、有高度、有深度。

④ 注重提升教师自身的理论素养和育人能力，加强教育教学改革和实践探索，进一步提升课程教学效果。

第5章

汽车制造技术课程思政教学设计

5.1 课程概况

课程名称：汽车制造技术
课程性质：专业核心课程
专　　业：车辆工程
教学对象：大三本科生
使用教材：吕明.机械制造技术基础.第 3 版.武汉：武汉理工大学出版社，2015 年
学分/学时：3/48
课程类型：线下课程
课程简介：该课程以机械系统为对象，分析零件机械加工的原理和零件机械加工的主要方法，使学生深入理解零件精度，学会编制零件机械加工工艺、选择刀具和切削用量，掌握机械加工工艺规程和夹具设计的基本方法。

5.2 课程教学目标

5.2.1 知识能力目标

① 掌握零件机械加工工艺规程和夹具设计的相关知识，培养学生根据具体情况合理设计零件机械加工工艺规程和夹具的能力。

② 掌握汽车典型零件的机械加工工艺规程与工艺装备的三维仿真设计方法，培养学生设计开发产品的能力，引导学生的创新思维。

③ 掌握工程项目中涉及的基本管理与经济决策方法，培养学生解决复杂机械工程问题的能力。通过思政教育，培养学生的工程伦理素质、科学思想、工匠精神以及自主学习和终身学习的素质。

5.2.2 课程思政教学目标

紧密结合未来十年汽车产业发展的两大主题——智能与节能，突出培养学生求真务实、实践创新、精益求精的工匠精神，培养学生踏实严谨、耐心专注、吃苦耐

劳、追求卓越的优秀品质，使其成长为心系社会并有时代担当的专业技术型人才。注重把爱国主义、家国情怀贯穿融入专业课教学中，帮助学生树立起文化自觉和文化自信。将专业课程思政教学目标融入教学设计中，根据课程特点和专业培养要求，加大实践育人力度，积极拓展课后实践，引导学生运用所学理论知识分析、发现、解决实际问题，实现知识和行动的有机统一，真正做到学以致用、知行合一，让学生在专业课学习中深化认识、提升感悟、锻炼成长。

5.3 课程思政总体设计

5.3.1 课程思政特征分析

开展课程思政顶层设计，进一步选择"有专业代表性""知识覆盖面广""思政元素多样"的思政案例。按五个模块（包括科学精神、工匠精神、危机意识、家国情怀、四个自信）对思政内容体系与教学环节进行精心设计，扩展广度、深度、温度，三度融合，做到多维度思政、交叉训练，不断激发学生的自信心和自豪感，坚定"四个自信"，实现立德树人与工程教育的紧密结合。

5.3.2 课程思政方案设计

课程章节	知识点	课程思政教学要点	所属思政维度	教学方法
第一章	·绪论 ·金属切削过程的基本知识	·社会热点结合专业知识融入：负压救护车的研制。 ·阐述危机意识、人文精神、哲学思辨、科学观、爱国情怀、大国自信	科学思想、工匠精神、家国情怀、危机意识、人文精神、哲学思辨	线上结合PPT讲授，线下观看视频
第二章	金属切削过程的基本规律及其应用	以"规律"引发思考：培养对自然规律的探索精神，培养科学态度、科学精神，探索未知世界，促进个人素质的提高，提升企业及国家竞争力	科学精神	结合PPT讲授
第三章	金属切削机床与刀具	结合汽车制造中机床的应用和发展，讲述汽车制造中汽车零件加工方式，培养学生推动"中国制造"加速向"中国创造"迈进的自信	中国制造、创新精神	结合PPT讲授

续表

课程章节	知识点	课程思政教学要点	所属思政维度	教学方法
第四章	组合机床与自动线简介	结合我国机械制造技术发展现状和在机床制造方面取得的成就，强化学生的科学态度、创新精神、危机意识和家国情怀	创新精神、危机意识	结合 PPT 讲授
第五章	机械加工工艺规程的制定	机械零件加工是把毛坯加工成零件的过程。人生就是一次生命的历程，人生要有规划，塑造人时也要有"工匠精神"	工匠精神	结合 PPT 讲授
第六章	机床夹具设计原理	形成"良性匹配"的观念，充分发挥系统、集体和个人的作用，团结协作，达到最佳效能	形成"良性匹配"的观念，创新精神	结合 PPT 讲授
第七章	机械加工精度	结合我国汽车制造技术发展现状和在汽车制造技术方面取得的成就，强化学生的科学态度、工匠精神、创新精神、危机意识和家国情怀	科学态度、工匠精神、创新精神、危机意识和家国情怀	结合 PPT 讲授
第八章	机械加工表面质量	没有机械加工表面质量的保证，汽车、飞机、航天器等的质量就不能保证，所以机械加工表面质量关乎全局。培养学生的科学精神、工匠精神、爱国情怀、大国自信	科学精神、工匠精神、爱国情怀、大国自信	结合 PPT 讲授
第九章	机械装配工艺	依据市场需求的特点安排装配工艺规程，引导学生树立"质量、市场"生存发展观，形成危机意识、可持续发展理念	树立"质量、市场"生存发展观，形成危机意识	结合 PPT 讲授

5.4 学情分析

汽车制造技术是车辆工程专业的一门专业核心课程，要求学生了解汽车制造技术的发展与创新、先进制造技术的发展趋势。在掌握本课程基本知识点的同时，结合我国在汽车制造技术方面取得的成就，强化学生的科学精神、创新精神、危机意识和家国情怀。学生普遍关注汽车制造新技术的发展，对工程实际案例很感兴趣，这为通过案例对学生进行价值塑造提供了很好的条件。

5.5 典型教学案例

5.5.1 绪论

1. 教学目标

（1）知识目标

了解汽车制造技术的发展与创新、先进制造技术的发展趋势。熟悉 FMS、CIMS、CE、LP、AE、IM、GM 的含义与意义。

（2）能力目标

能够结合所学知识，对比分析汽车制造技术不同历史阶段的特点。能够利用所学知识进行汽车制造技术管理的评价，了解汽车制造的关键技术。能够对比分析不同汽车制造技术的特点、优缺点和适用对象。

（3）价值目标

了解我国汽车制造技术的发展现状，熟悉汽车制造技术的发展对于汽车产业、环保和能源安全的重要意义。通过"时代楷模"南仁东事迹的介绍，对学生进行科学、富强、爱国、敬业课程思政教学。结合我国在汽车制造技术方面获得的成就，强化学生的科学精神、创新精神、危机意识和家国情怀。

2. 教学手段与方法

教学手段：动画视频、多媒体课件。

教学方法：课堂讲授+对比分析+案例教学+互动交流。

3. 课程思政元素分析

通过介绍"时代楷模"南仁东在天文射电望远镜上的突出贡献，从三个层面对学生进行价值引领：政治认同和国家意识、品德修养和人格养成、学术志向和专业伦理。结合科学技术的发展历程引出爱因斯坦对科学的见解，与学生探讨与地球、宇宙、哲学有关的问题，引导激发学生的求知欲，提高学生的思政能力。德国古典哲学家康德说：世界上有两件东西能震撼人们的心灵，一件是我们心中崇高的道德标准，另一件是我们头顶上灿烂的星空。

通过上述案例，给学生梳理出以下几个方面的内容。

① 人文精神，哲学思辨。"时代楷模"南仁东脚踏实地地对宇宙进行研究，既体现了他对灿烂星空的哲思，又体现了他的工匠精神。

② 科学观。回顾科学技术的发展，开阔历史视野、国际视野。

③ 爱国情怀。"中国天眼"之父南仁东 24 年心无旁骛，为崇山峻岭间的"天眼"燃尽生命，为世界天文史镌刻下新的丰碑。

④ 大国自信。仅在调试期，"天眼"就发现了多颗脉冲星，其已成为国际瞩目的宇宙观测"利器"。在党的十九大报告中，天眼与天宫、蛟龙、大飞机等被列为创新型国家建设的丰硕成果。南仁东执着追求科学梦想的精神，将激励一代又一代科技工作者接续奋斗，勇攀世界科技高峰。

通过疫情负压救护车的研发，让学生知道掌握专业知识对汽车制造技术的重要性，提高学生理论联系实际的能力，强化学生的危机意识、科学精神、工匠精神、创新精神和家国情怀，坚定"四个自信"。

思政切入点：

① 汽车产业是国民经济重要的支柱产业，产业链长、关联度高、就业面广、消费拉动大，在国民经济和社会发展中发挥着重要作用，因而汽车制造技术的先进性尤其重要。汽车制造技术伴随着四次工业革命的发展而发展。简述四次工业革命的特征，阐述科学技术的重要性，引导学生探讨汽车制造的核心技术和发展趋势，使学生树立辩证唯物思想，了解学科前沿，开阔学术视野，善于把握历史机遇，勇于开拓创新。

② 结合负压救护车的研发案例，增强学生的危机意识、科学精神、工匠精神、大国自信和家国情怀，坚定"四个自信"。

4. 教学内容分析

（1）教学内容

① 汽车生产过程。

② 传统制造技术与现代制造技术。

③ FMS、CIMS、CE、LP、AE、IM、GM 的含义与意义。

（2）教学重点

汽车制造技术中 FMS、CIMS、CE、LP、AE、IM、GM 的含义与意义。

（3）教学难点

汽车制造技术中 FMS、CIMS、CE、LP、AE、IM、GM 的含义与意义的讲解。

5. 教学过程

教学环节	教学内容	师生活动	设计意图
课程引入（10分钟）	（1）汽车制造技术的重要意义和发展现状（图5.1~图5.3） 结合国内外汽车制造业的一些重大活动，例如大学生方程式赛车比赛，说明汽车制造技术的重要发展方向和国内汽车制造技术的发展现状 图 5.1　工业革命流程图 图 5.2　工业 4.0 支柱内容 图 5.3　简化的汽车构造	结合四次工业革命与汽车制造技术的关系，引导学生探讨汽车制造的核心技术和发展趋势	让学生了解汽车制造的关键技术和汽车制造技术发展的意义

第 5 章 汽车制造技术课程思政教学设计

续表

教学环节	教学内容	师生活动	设计意图
课程引入（10分钟）	（2）汽车制造技术 汽车制造过程框图如图5.4所示 图 5.4 汽车制造过程框图	·汽车制造的主要技术。 ·本课程应掌握的知识与要达到的能力。 **师生互动：** ·汽车制造技术与机械制造技术基础的关系。 ·汽车制造技术的发展趋势	结合实际问题，利用汽车制造领域的照片和视频，让学生思考汽车制造的核心技术和发展趋势
讲授新知（90分钟）	（3）汽车制造技术进展 ·传统制造技术与现代制造技术。 ·FMS、CIMS、CE、LP、AE、IM、GM 的含义与意义。 ·3D打印与CPS。 首先介绍汽车制造业的发展简史（图5.5），然后重点介绍我国汽车制造业的发展历程、重要历史事件和发展现状。向学生展示我国汽车制造技术的重要成果，特别是重点展示最新汽车制造技术的成果，培养学生的敬业精神和家国情怀。 图 5.5 汽车产业缩影 图 5.6 汽车制造业体现国家工业水平（PPT 图片） **引入案例：** ·第一辆自主品牌的汽车：东风汽车。 ·第一辆自主研发的汽车：奇瑞汽车	·结合 PPT（图5.6），讲解汽车制造业如何体现国家工业水平。 ·引导讨论，让学生说说自己知道的汽车制造大国。 ·在新形势下，汽车制造技术的发展趋势	结合汽车制造技术的发展历史和现状以及我国在汽车制造技术领域取得的成就，让学生了解汽车制造技术发展趋势，培养学生的科学精神、敬业精神、社会责任感和家国情怀

教学环节	教学内容	师生活动	设计意图
讲授思政内容（30分钟）	（4）思政元素融入 ➢ 科学精神、工匠精神的培养 案例一：科学精神。"中国天眼"之父南仁东被追授"时代楷模"荣誉称号。 　　从李约瑟之问引出科学发展史，引发学生对浩瀚世界探求的好奇心，培养学生的科学精神、科学思想人文情怀。通过介绍科学重大发现、技术重大发明，激发学生的好奇心，塑造学生的想象力，培养学生的创造力，树立学生的世界观，构建科学、课程、学生三位一体的教育模式，培养学生终身学习的意识。 ➢ 华为精神、爱国精神 案例二：华为事件与任正非的事迹。 ➢ 将社会热点融入专业知识 案例三：负压救护车研发（图5.7）。 　　从专业角度解释负压救护车的结构原理（图5.8），改装的技术要点、难点、重要性。 图5.7　负压救护车 图5.8　负压救护车内过滤空气的流动 通过上述案例，向学生梳理出以下几个方面的内容：危机意识、科学精神、创新精神、家国情怀与大国自信	·学生上网查阅南仁东、任正非的事迹，了解一个人的科学梦想是怎么形成的。 ·工匠精神对产品设计制造和个人品行培养的重要性。 师生互动： ·课后观看学习"时代楷模"南仁东的视频，领会科学思想、科学精神、爱国情怀。 ·撰写思政报告	通过PPT图片和探讨，让学生了解在汽车制造技术的发展中，科学精神、工匠精神、爱国情怀培养的重要性

教学环节	教学内容	师生活动	设计意图
课堂小结（5分钟）	汽车制造技术的主要内容，本课程的主要任务。科学精神、工匠精神、爱国情怀、四个自信的培养	简要总结课程核心知识点	梳理课程知识点，加深学生对知识点的掌握
作业布置	撰写思政报告	围绕课程知识点和价值引领布置课后作业	通过作业训练，巩固课堂所学知识点

6. 教学效果分析与反思

（1）教学效果

① 从李约瑟之问引出科学发展史，引发学生对浩瀚世界探求的好奇心，培养学生的科学观、人文情怀，激发学生的辩证唯物主义思想，树立学生探求知识、终身学习的意识，培养学生的社会主义核心价值观、工匠精神、创新意识。

② 结合负压救护车的研发，将社会热点融入专业知识，赋予知识价值取向，增强学生的危机意识、科学观、大国自信和家国情怀，坚定"四个自信"。

③ 师生互动积极，学生发言踊跃，学生满意度高，教学效果良好。

（2）教学反思

① 结合课程知识背景分析，把握时机，自然融入育人元素是开展课程思政教学的有效途径。

② 注重挖掘提炼课程的典型育人元素，注意结合社会热点、模范人物的工匠精神和家国情怀，对学生进行思想熏陶和价值提升，做到课程教学有温度。

③ 在教学过程中，应加强多媒体课件等优质课程资源建设；注重在知识传授的同时，结合工程案例训练学生的知识运用和创新的能力，使课程教学有方法、有高度、有深度。

④ 注重提升教师自身的理论素养和育人能力，加强教育教学改革和实践探索，进一步提升课程教学效果。

5.5.2 加工误差的统计分析

1. 教学目标

（1）知识目标

理解机械加工精度的基本概念与影响加工精度的因素，掌握加工误差的统计分析方法与提高加工精度的途径。

（2）能力目标

聚焦国家关注的汽车制造技术的重大问题，从团队教师在研国家自然科学基金项目中提炼汽车制造技术问题作为课堂讨论主题。坚持目标指引、问题导向、以人为本、融合创新，引导学生了解学科前沿、开阔学术视野，提高学生分析问题的能力以及理论联系实际的能力。

（3）价值目标

结合案例，了解目前汽车市场的现状，明确工匠精神对汽车制造加工精度的重要性，树立危机意识和工匠精神。结合上汽总裁王晓秋的职业生涯、欧阳明高院士在新能源汽车方面的创新突破，增强学生的大国自信和家国情怀，坚定"四个自信"。

2. 教学手段与方法

教学手段：多媒体课件。

教学方法：课堂讲授+对比分析+案例教学+互动交流。

3. 课程思政元素分析

分析机械加工精度对汽车性能的影响。聚焦国家关注的汽车制造技术的重大问题，从团队教师在研国家自然科学基金项目中提炼汽车制造技术问题作为课堂讨论主题，引导学生了解学科前沿、开阔学术视野，让学生了解汽车制造技术的历史背景，熟悉加工精度对汽车制造技术发展的重要意义，知晓加工精度对汽车制造技术的重要性。结合我国汽车制造技术发展现状和在汽车制造技术方面取得的成就，提高学生分析问题的能力以及理论联系实际的能力，强化学生的科学精神、工匠精神、创新精神、危机意识和家国情怀。

思政切入点：

① 紧密结合创新变革背景，聚焦国家关注的汽车制造技术的重大问题，从团队教师在研国家自然科学基金项目中提炼汽车制造技术问题作为课堂讨论主题，引导学生了解学科前沿、开阔学术视野，使其善于把握历史机遇，勇于开拓创新。

② 结合"基于制造大数据融合建模的多材料车身装配质量预测控制"课题成果，使学生树立工匠精神。结合上汽总裁王晓秋的职业生涯、欧阳明高院士在新能源汽车方面的创新突破，增强学生的大国自信和家国情怀，坚定"四个自信"。

4. 教学内容分析

（1）教学内容

① 机械加工精度的基本概念。

② 影响加工精度的因素。

③ 加工误差的统计分析。

④ 提高加工精度的途径。

（2）教学重点

影响加工精度的因素、加工误差的统计分析、提高加工精度的途径。

第 5 章 汽车制造技术课程思政教学设计

（3）教学难点

加工误差的统计分析、提高加工精度的途径。

5. 教学过程

教学环节	教学内容	师生活动	设计意图
课程引入（5分钟）	（1）机械加工精度的基本概念 通过 PPT 展示加工误差的分类，如图 5.9 所示 　7.3　加工误差的统计分析 　　7.3.1　加工误差的分类 　　　　按性质，加工误差可分为系统误差和随机误差。 　　7.3.1.1　系统误差——大小和方向基本保持不变或按零件加工顺序有规律变化的加工误差。 　　常值系统误差——大小和方向基本保持不变的加工误差。 　　如原理误差，机床、刀具、夹具、量具制造和调整误差，工艺系统的静力变形误差、达到热平衡后的工艺系统热变形误差等。 　　变值系统误差——按零件加工顺序有规律变化的加工误差。 　　如温升过程中的工艺系统热变形误差、刀具的正常磨损等。 　　7.3.1.2　随机误差——大小和方向不规则变化的加工误差。 图 5.9　加工误差的分类（PPT 图片）	·学生观看 PPT。 ·教师简要分析，结合加工误差分类，为学生讲解系统误差和随机误差。 师生互动： 加工误差对汽车制造中零件质量有何影响	通过 PPT 直观展示，吸引学生的注意力，激发学生的兴趣，进一步引出加工误差统计分析的概念
讲授新知（10分钟）	（2）影响加工精度的因素 加工精度对汽车车身的制造、发动机的制造的影响（图 5.10、图 5.11） 图 5.10　汽车车身制造精度 发动机的加工精度 图 5.11　发动机的制造	引入国家自然科学基金项目"基于制造大数据融合建模的多材料车身装配质量预测控制"课题成果，引导学生了解学科前沿、开阔学术视野，提高学生理论联系实际和分析解决实际问题的能力。 师生互动： 当前汽车制造技术中最迫切的技术问题是什么？（列举一个自己关注的问题）	通过科研成果，展示不同加工精度要求；将中国制造技术快速发展与党的英明领导相结合，培养学生的社会主义核心价值观、工匠精神、创新意识

续表

教学环节	教学内容	师生活动	设计意图
讲授新知（45分钟）	（3）加工误差的统计分析 **7.3.2 分布曲线法** 7.3.2.1 正态分布曲线方程 概率密度函数 $Y=\dfrac{1}{\sigma\sqrt{2\pi}}e^{-\dfrac{(X-\alpha)^2}{2\sigma^2}}$ (7-16) 式中 Y——正态分布的概率密度； α——正态分布曲线的均值； σ——正态分布曲线的标准偏差（均方根偏差）。 两个特征参数：均值α和标准偏差σ。 实际生产中，用样本平均值$\bar{X}$和样本标准偏差S作为理论均值α和标准偏差σ的估算值，即 $\bar{X}=\dfrac{1}{n}\sum\limits_{i=1}^{n}X_i$ (7-17) $S=\sqrt{\dfrac{1}{n-1}\sum\limits_{i=1}^{n}(X_i-\bar{X})^2}$ (7-18) 图 5.12 分布曲线法 **7.3.2 分布曲线法** 7.3.2.2 正态分布曲线的特性 正态分布曲线由α到X的面积可表示为 $A=\int_{\alpha}^{X}YdX=\dfrac{1}{\sigma\sqrt{2\pi}}\int_{\alpha}^{X}e^{-\dfrac{(X-\alpha)^2}{2\sigma^2}}dX$ 积分值可查表7.3。 当$X-\alpha=3\sigma$时，$2A=99.73\%$，即工件尺寸在$\pm 3\sigma$以外的概率只占0.27%。 应用：若工件公差为T，且在加工时调整尺寸分布中心与公差带中点重合，则不产生废品的条件为 $T\geqslant 6\sigma$ 图 5.13 正态分布曲线的特征（PPT 图片） **7.3.2 分布曲线法** 应用：随机误差引起尺寸分散（即决定σ的大小），常值系统误差决定尺寸分散带中心位置（即决定均值的大小），变值系统误差则使尺寸分散带中心位置随时间按一定规律移动。 图 5.14 分布曲线法的应用（PPT 图片）	教师结合 PPT（图5.12~图5.14），完成对加工误差的统计分析的阐述。借助师生互动，加深学生的理解和记忆。 **师生互动：** · 分析抽样方案对加工误差评价结果的影响。 · 怎样用正态分布曲线分析零件加工精度	利用PPT 图片清晰表达加工误差的统计分析方法，使学生便于理解和掌握

第 5 章　汽车制造技术课程思政教学设计

续表

教学环节	教学内容	师生活动	设计意图
讲授思政内容（5分钟）	（4）思政元素融入（图5.15） 分析机械加工精度对汽车性能的影响，让学生了解汽车制造技术的历史背景，熟悉加工精度对汽车制造技术发展的重要意义，知晓加工精度对汽车制造技术的重要性。结合我国汽车制造技术发展现状和在汽车制造技术方面取得的成就，强化学生的科学精神、工匠精神、创新精神、危机意识和家国情怀 图 5.15　思政元素融入教学	聚焦国家关注的汽车制造技术的重大问题，从团队教师在研国家自然科学基金项目中提炼汽车制造技术问题作为课堂讨论主题，引导学生了解学科前沿、开阔学术视野，提高学生分析问题的能力以及理论联系实际的能力	结合我国汽车制造技术发展现状和在汽车制造技术方面取得的成就，强化学生的科学精神、工匠精神、创新精神、危机意识和家国情怀
讲授新知（20分钟）	（5）提高加工精度的途径 提高加工精度的途径如图5.16所示 7.4　提高加工精度的途径 　减少误差法 　误差补偿法 　误差分组法 　误差转移法 　"就地加工"法 　误差平均法 　控制误差法 图 5.16　提高加工精度的途径（PPT图片）	通过PPT图片展示和讲解，让学生理解提高加工精度的途径	掌握提高加工精度的途径
课堂小结（5分钟）	课程主要知识点： ·机械加工精度的基本概念。 ·影响加工精度的因素。 ·加工误差的统计分析。 ·提高加工精度的途径	简要总结课程核心知识点	梳理课程知识点，加深学生对知识点的掌握
作业布置	简答题 计算题	围绕课程知识点和价值引领布置课后作业	通过作业训练，巩固课堂所学知识点

6. 教学效果分析与反思

（1）教学效果

① 通过引入国家自然科学基金项目，展示项目中不同加工精度的变迁以及技术成就，将中国制造的强大与党的英明领导结合起来，激发学生学习党史的热情，

培养学生的社会主义核心价值观、工匠精神、创新意识。

② 结合上汽总裁王晓秋的职业生涯、欧阳明高院士在新能源汽车方面的创新突破,增强学生的大国自信和家国情怀,坚定"四个自信"。

③ 师生互动积极,学生发言踊跃,学生满意度高,教学效果良好。

(2)教学反思

① 结合课程知识背景分析,把握时机,自然融入育人元素是开展课程思政教学的有效途径。

② 注重挖掘提炼课程的典型育人元素,注意结合模范人物的工匠精神和家国情怀,对学生进行思想熏陶和价值提升,做到课程教学有温度。

③ 在教学过程中,应加强多媒体课件等优质课程资源建设;注重在知识传授的同时,结合工程案例训练学生的知识运用和创新的能力,使课程教学有方法、有高度、有深度。

④ 注重提升教师自身的理论素养和育人能力,加强教育教学改革和实践探索,进一步提升课程教学效果。

5.5.3 汽车车身制造系统的工艺规划

1. 教学目标

(1)知识目标

以制造工艺为主线,掌握机械加工工艺过程的基本原理和基本知识,具有设计工艺规程的初步能力。

(2)能力目标

能初步运用三维建模软件制定汽车复杂工件的加工工艺规程与设计典型工序夹具,初步具备分析、解决机械工程问题的能力。

(3)价值目标

得益于高水平的工业自动化生产,我国汽车年产量超过 2000 万辆,稳居世界汽车产量排名首位,国内汽车产业发展一片光明,这说明我国汽车产业正在高速稳步发展,极大提升了学生的爱国信心。

2. 教学手段与方法

教学手段:实物教具、动画视频、多媒体课件相结合。
教学方法:课堂讲授+对比分析+案例教学+互动交流。

3. 课程思政元素分析

随着世界汽车产业的不断发展壮大,我国汽车产业正在实现由弱到强的跨越。

近年来，我国汽车销售量长期占据全球汽车销量首位。另外，汽车是高新技术的结晶，汽车产业所涉及的新技术范围之广、数量之多，是其他产业难以相比的。国家智能智造水平的增强，在很大程度上也取决于汽车产业的发展，汽车产业将成为代表我国智能智造最高水平的产业之一。在现代化汽车生产制造过程中，一个工厂的自动化率直接影响着该工厂的生产效率与生产质量。自动化系统本身并不直接创造效益，但它对企业的生产效率起着明显的提升作用，因此，高自动化率代表着卓越的制造水平。自动化车间如图 5.17 所示。

图 5.17　自动化车间

　　工业自动化是在工业生产中广泛采用自动控制、自动调整装置，以代替人操纵机器和机器体系进行生产。在工业自动化条件下，人只是间接地照管和监督机器进行生产。工业自动化按发展阶段分：一是半自动化，即部分生产采用自动控制和自动调整装置，而另一部分生产则由人操作机器进行；二是全自动化，指生产过程的全部工序（包括上料、下料、装卸等）都不需要人直接进行操作（人只是间接地看管和监督机器运转），而是由机器连续、重复地自动生产出一个或一批产品。因为劳动力成本递增与产品需求急剧变化等各种压力，制造业智能改造需求十分旺盛，这在我国汽车制造业上体现得尤其明显。我国整体经济正处在转型升级的关键节点，过去的劳动密集型经济正在逐渐衰退，取而代之的是新兴的技术密集型经济。也正是如此，拥有着较长的生产流程的汽车制造业成为自动化率最高的产业之一。自动化流水线这一诞生于汽车制造业的经典生产模式，被广泛运用到各个制造行业中。伴随着配件标准化、生产模块化等多种先进工艺的成熟运用，整个制造业都在大跨步前进。

　　我国汽车产业一路走来充满艰辛。由于我国汽车产业发展较晚，导致长期落后于国外。第一辆国产解放牌汽车诞生于 1956 年。由于发展工业的需要，国内汽车制造厂在随后 30 多年内生产的多是货车、长途客车等，对于私人轿车鲜有涉及。截至 1990 年，全国民用汽车保有量为 554 万辆，其中私人汽车保有量为 82 万辆，占14.8%。这82万辆私人汽车中，58万辆是载货汽车，只有24万辆是载客汽车。私人客车中相当数量是微型面包车，真正的私人轿车寥寥无几。直至1994年颁布的《汽车工业产业政策》才明确了以轿车为主的汽车发展方向，首次提出鼓励汽车消费，自此我国汽车产业发展进入较高速增长阶段。

思政切入点：

① 直到现在，得益于高水平的工业自动化生产（自动化率达98%），我国汽车年产量2000多万辆，稳居世界汽车产量排名首位，国内汽车销量也一度逼近全球汽车销量的三分之一，国内汽车产业发展一片光明，这说明我国汽车产业正在高速稳步发展，极大地提升了学生的爱国信心。

② 多机器人系统（如多机器人光学检测系统、多机器人焊接系统、多机器人涂胶系统等）在汽车生产中具有极广泛的应用场景，并且已经投入到汽车制造中。尽管如此，多机器人系统仍具有更广的应用前景、更大的优化空间，这都有待学生们发挥聪明才智去挖掘，以加速推进我国汽车产业由半自动化走向全自动化的进程。要培养学生的创新意识和不断进取的精神。

4. 教学内容分析

（1）教学内容
① 机械加工工艺规程的制定。
② 多机器人协作的路径规划。
③ 汽车车身制造系统的工艺规划。

（2）教学重点
机械加工工艺规程的制定、多机器人协作的路径规划。

（3）教学难点
汽车车身制造系统的工艺规划。

5. 教学过程

教学环节	教学内容	师生活动	设计意图
课程引入（15分钟）	（1）机械加工工艺规程的制定 ·零件制造的工艺过程。 ·工艺规程的作用与设计步骤。 ·工艺路线的拟定 ·加工余量的确定	以制造工艺为主线，让学生掌握机械加工工艺过程的基本原理和基本知识，具有设计工艺规程的初步能力	通过板书，吸引学生的注意力，激发学生的探究兴趣
讲授新知（30分钟）	（2）多机器人协作的路径规划 ·机器人间的任务分配。 ·机器人的路径规划。 ·机器人至工件的可达性分析。 ·机器人与工件的碰撞检测与避障。 ·机器人间协调运动规划	讨论多机器人系统的使用前景和优化空间	引导学生发挥聪明才智，加速推进汽车产业由半自动化走向全自动化的进程

续表

教学环节	教学内容	师生活动	设计意图
讲授新知 （30分钟）	（3）汽车车身制造系统的工艺规划 ·汽车车身制造系统工艺规划的意义。 ·介绍工艺规划方案	介绍目前汽车车身制造系统的工艺方案，让学生提出改进方案	引导学生优化汽车车身制造系统的工艺规划，提高机器人的工作效率
课堂小结 （15分钟）	课程主要知识点： ➢ 机械加工工艺规程的制定 ·工艺规程的作用与设计步骤。 ·工艺路线的拟定。 ➢ 多机器人协作的路径规划 ·机器人的路径规划。 ·机器人至工件的可达性分析。 ·机器人与工件的碰撞检测与避障。 ➢ 汽车车身制造系统的工艺规划 ·汽车车身制造系统工艺规划的意义。 ·介绍工艺规划方案	简要总结课程核心知识点	梳理课程知识点，加深学生对知识点的掌握
作业布置	简答题： 结合发动机缸盖的加工工艺过程，概述其加工工艺规程制定的过程。 分析题： 如何优化传统制造业的结构，让汽车产业生产效率、产品质量得到进一步提升	围绕课程知识点和价值引领布置课后作业	通过作业训练，巩固课堂所学知识点

6. 教学效果分析与反思

（1）教学效果

① 得益于高水平的工业自动化生产，我国汽车年产量超过 2000 万辆，稳居世界汽车产量排名首位，国内汽车产业发展一片光明，这说明我国汽车产业正在高速稳步发展，极大提升了学生的爱国信心。

② 当前投入使用的多机器人系统具有很大的优化空间，有待学生发挥聪明才智，加速推进汽车产业由半自动化走向全自动化的进程。

③ 将理论讲解与动画视频相结合，在向学生传授基本理论知识的同时，通过工程案例提升学生的知识运用能力，训练学生的系统思维和创新意识。

④ 师生互动积极，学生发言踊跃，学生满意度高，教学效果良好。

（2）教学反思

① 结合课程知识背景分析，把握时机，自然融入育人元素是开展课程思政教学的有效途径。

② 车辆工程专业的学生大都青睐于研发设计类工作，而同样重要的制造类工作却不如研发设计那样受欢迎。如果说研发设计类工作是在追求汽车的极致性能与出众的外观，那么制造类工作则决定了汽车能否制造出来。

③ 制造业有充满挑战的研发设计类工作，优化传统制造业的结构，让汽车产业生产效率、产品质量得到进一步提升，是汽车产业的发展目标。

④ "中国制造 2025"明确了制造业是国民经济的主体，应当适当引导学生日后从事汽车产业制造类工作，使其成为汽车制造业人才。

⑤ 汽车产业作为制造业的一种，其积累的制造业关键技术对于其他制造业来说可参考性很高，甚至某些技术可直接移植。引导学生响应党的号召，积极为制造业作出贡献。

⑥ 在教学过程中，应加强实物教具、多媒体课件等优质课程资源建设；注重在知识传授的同时，结合工程案例训练学生的知识运用和创新的能力，使课程教学有方法、有高度、有深度。

⑦ 注重提升教师自身的理论素养和育人能力，加强教育教学改革和实践探索，进一步提升课程教学效果。

5.5.4 汽车发动机制造精度的自动化检测

1. 教学目标

（1）知识目标

熟悉机械加工精度与机械表面质量的相关知识，并注意反映本学科理论与技术的新发展。综合运用汽车制造技术，针对汽车制造领域中的表面质量检测问题设计解决方案。

（2）能力目标

能够结合所学知识，分析现有表面质量检测方案，提出可行的改进方案，使新方案更加智能化、快速化。

（3）价值目标

使用国产自动检测规划软件系统，极大程度地减少了尺寸工程师的工作量，三坐标测量规划周期也由几周缩短至数小时，检测效率明显提高。最主要的是，自主开发的自动检测规划软件打破了国外垄断，极大地提升了学生的爱国精神与自信心。

2. 教学手段与方法

教学手段：实物教具、动画视频、多媒体课件相结合。

教学方法：课堂讲授+对比分析+案例教学+互动交流。

3. 课程思政元素分析

在"工业 4.0"与"中国制造 2025"的强力推动下，现代化汽车生产工艺在近些年日益规范化、高效化、精密化和智能化。早在 1913 年，福特公司开始启用流水线组装汽车，基本解决了汽车生产效率的问题。随后，针对在流水线生产过程中暴露出来的质量问题，汽车制造商迫切需要一套更加精密、便捷、人性化的质量监控方案，从而诞生了一批以质量检测为主营业务的优秀企业（如 HEXAGON、ZEISS 等）。这些企业提出的质量监控方案为提高汽车制造质量做出了卓越的贡献。随着现代化工业的持续发展，汽车制造方案与检测方案不断更新迭代。一方面，新一代以三坐标测量机为主的检测方案极大程度地保证了大批量生产汽车的质量；另一方面，汽车制造商在满足了生产质量要求的基础上，又对质量检测效率提出了更高的要求。

三坐标测量机（图 5.18）是目前汽车制造商普遍采用的尺寸公差检测仪器，其主要组成部分为主机机械系统、测头系统、电气控制硬件系统和数据处理软件系统。通过将三坐标测量机运用于汽车尺寸公差检测中，可以避免使用多种测量工具和昂贵的组合量规，并能够将复杂的测量任务所需的时间从小时级缩短到分钟级，因而其检测效率远超其他检测仪器，是目前测量和获得尺寸数据最有效的方法之一。三坐标测量机发展至今，其机械部件已较为成熟，主要技术攻关点已从高精度、高机械稳定性逐渐转向追求更加高效、人性化的三坐标测量机软件系统。如 HEXAGON 旗下的测量软件系统 PC-DMIS，通过其简捷的用户界面，引导使用者进行零件编程、参数设置和工件检测。另外，利用其一体化的图形功能，能够将检测数据生成可视化的图形报告。

图 5.18 三坐标测量机

然而在如今越来越庞大的汽车制造市场中，却鲜有中国品牌的三坐标测量机，众多国外企业凭借着长达几十年的技术经验，霸占着各行各业的质量检测仪器的订单，早已对三坐标测量技术国产化构筑了技术壁垒。近些年来，美国凭借其自身高精尖技术的优势，频繁对中国挥下制裁大棒，归根结底在于我国制造业缺乏创新能力。因此，为了我国汽车产业能够长期稳定可持续发展，自主生产三坐标测量机等基础测量仪器变得极为重要。纵使国外品牌的三坐标测量机在软件系统方面做得已经很好了，但这也绝非是软件测量系统技术的终点。

思政切入点：

① 在庞大的汽车制造市场中，鲜有中国品牌的三坐标测量机。众多国外企业凭借着长达几十年的技术经验，霸占着各行各业的质量检测仪器的订单，早已对三坐标测量技术国产化构筑了技术壁垒。近些年来，美国凭借其自身高精尖技术的优势，频繁对中国挥下制裁大棒，归根结底在于我国制造业缺乏创新能力。借此激发学生的创新意识。

② 通过使用科研团队自主开发的自动检测规划软件系统，极大程度地减少了尺寸工程师的工作量，三坐标测量规划周期也由几周缩短至数小时，检测效率明显提高，打破了国外垄断，极大地提升了学生的家国情怀与自信心。

4. 教学内容分析

（1）教学内容
① 机械加工精度的基本概念。
② 影响加工精度的因素。
③ 加工误差的统计分析。
④ 提高加工精度的途径。
⑤ 汽车发动机制造精度的自动化检测。

（2）教学重点
影响加工精度的因素、汽车发动机制造精度的自动化检测。

（3）教学难点
汽车发动机制造精度的自动化检测。

5. 教学过程

教学环节	教学内容	师生活动	设计意图
课程引入 (15分钟)	（1）机械加工精度的基本概念和影响因素 ·机械加工精度的基本概念。 ·影响加工精度的因素	课堂讲解机械加工精度的基本概念与影响加工精度的因素	通过板书，吸引学生的注意力，激发学生的探究兴趣
讲授新知 (30分钟)	（2）加工误差的统计分析与提高加工精度的途径 ·加工误差的统计分析。 ·提高加工精度的途径	讲述机械加工误差的统计分析方法和提高加工精度的途径	通过讨论分析，让学生学会分析与解决问题的方法
讲授新知 (30分钟)	（3）汽车发动机制造精度的自动化检测 ·介绍使用三坐标测量机测量汽车尺寸公差的方法。 ·阐述三坐标测量机检测表面尺寸时存在的问题。	通过介绍目前三坐标测量机的测量过程，让学生提出改进方案	引导学生自主开发三坐标测量系统，实现自动化测量

教学环节	教学内容	师生活动	设计意图
课堂小结 （5分钟）	课程主要知识点： ➢ 机械加工精度 · 机械加工精度的基本概念。 · 影响加工精度的因素。 · 加工误差的统计分析。 · 提高加工精度的途径。 ➢ 汽车发动机制造精度的自动化检测 · 三坐标测量机的测量方法。 · 三坐标测量机测量过程中存在的问题	简要总结课程核心知识点	梳理课程知识点，加深学生对知识点的掌握
作业布置	简答题： 结合汽车变速器箱体零件，回答影响其加工精度的主要因素有哪些？ 分析题： 分析机械加工精度对汽车制造技术有何影响	围绕课程知识点和价值引领布置课后作业	通过作业训练，巩固课堂所学知识点

6. 教学效果分析与反思

（1）教学效果

① 通过实际案例，分析国外企业对三坐标测量机技术构筑的技术壁垒，美国凭借其自身高精尖技术的优势，频繁对中国挥下制裁大棒，让学生明白最根本的原因在于我国制造业缺乏创新能力，引导学生培养创新意识。

② 通过介绍科研团队成员自主开发的自动检测规划软件打破了国外垄断，极大地提升了学生的家国情怀与自信心。

③ 将理论讲解与动画视频相结合，在向学生传授基本理论知识的同时，通过工程案例提升学生的知识运用能力，训练学生的系统思维和创新意识。

④ 师生互动积极，学生发言踊跃，学生满意度高，教学效果良好。

（2）教学反思

① 结合课程知识背景分析，把握时机，自然融入育人元素是开展课程思政教学的有效途径。

② 我们要于危机中育先机，于变局中开新局。

③ 只有依靠时代发展带来的契机，不断创新寻找机遇，才能打破发展僵局，要在弥补自身短板的同时勇于攀登下一阶段的技术高峰。

④ "中国制造2025"明确了制造业是国民经济的主体，是立国之本、兴国之器、强国之基。新中国成立尤其是改革开放以来，我国制造业持续快速发展，建成了门类齐全、独立完整的工业体系，有力地推动了国家工业化和现代化进程，显著增强了综合国力，支撑了我国世界大国的地位。然而，与世界先进水平相比，我国制造业仍然大而不强，在自主创新能力、资源利用效率、产业结构水平、信息化程度、质量效益等方面差距明显，转型升级和跨越发展的任务紧迫而艰巨。

⑤ 正是在我国大批高新技术产业（如手机、计算机、5G 等）飞速发展，而制造业没有完全跟上的时候，美国抓住我国尚未完全掌握制造业高新技术的时机，阻碍我国高新技术产业的发展。在它们看来，高精尖技术的市场是他们的"奶酪"，中国人动不得。

⑥ 要想全面跟上世界步伐，不被发达国家收割我们的发展成果，我国制造业的短板必须补齐，引导学生意识到制造业是国家未来发展规划中的重要一环。

⑦ 注重挖掘提炼课程的典型育人元素，注意结合模范人物的工匠精神和家国情怀，对学生进行思想熏陶和价值提升，做到课程教学有温度。

⑧ 在教学过程中，应加强实物教具、多媒体课件等优质课程资源建设；注重在知识传授的同时，结合工程案例训练学生的知识运用和创新的能力，使课程教学有方法、有高度、有深度。

⑨ 注重提升教师自身的理论素养和育人能力，加强教育教学改革和实践探索，进一步提升课程教学效果。

5.5.5　汽车精密制造与检测技术的发展

1. 教学目标

（1）知识目标

掌握机械加工表面质量的相关知识，了解表面质量的评价方式与检测技术的发展历程。

（2）能力目标

能初步运用表面质量检测工具对机械加工表面质量进行检测，初步具备分析、解决机械工程问题的能力。

（3）价值目标

通过比较国内外加工技术，引导学生了解目前国内在精密加工与质量检测的核心技术方面的发展现状与差距，激发学生的家国情怀、创造能力，让学生明白科技强国的重要性，引导学生树立起为实现中华民族伟大复兴而奋斗的崇高理想。

2. 教学手段与方法

教学手段：实物教具、动画视频、多媒体课件相结合。

教学方法：课堂讲授+对比分析+案例教学+互动交流。

3. 课程思政元素分析

超精密加工技术在国际上处于领先地位的国家有美国、英国和日本。这些国家的超精密加工技术不仅总体成套水平高，而且商品化的程度也非常高。20 世纪 50 年代，美国发展了金刚石刀具超精密切削技术，称为"SPDT 技术"（Single Point

Diamond Turning)或"微英寸技术"(1微英寸=0.025μm),并发展了空气轴承主轴超精密机床(图 5.19),用于加工激光核聚变反射镜、战术导弹和载人飞船用的球面/非球面大型零件等。

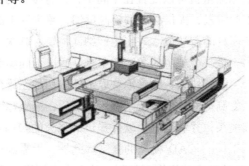

图 5.19　OAGM-2500 大型超精密机床

在过去相当长的一段时期,由于遭受西方国家的禁运,我国进口国外超精密机床严重受限。

NAM-800 型纳米数控车床是北京机床研究所生产的纳米级加工机床(图 5.20),集数控技术、伺服技术、机械制造技术于一体。该机床为我国最前沿的科技发展提供了良好的加工手段。

图 5.20　纳米数控车床

总的来说,我国超精密加工机床在效率、精度、可靠性,特别是规格(大尺寸)和技术配套性方面,与国外相比还有相当大的差距。另外,复杂曲面的精密加工也一直是我国制造业发展的壁垒,而制造业的发展关系着国家经济的长远发展,仍需开展大量的研发工作。同时,我国部分高校、企业正在自主研发机加工相关技术。

针对汽车的制造质量检测,目前的技术需求不仅要求对零部件与产品进行在线测量,而且需满足装配生产线上的多、混合车型的检测。三坐标测量机包括悬臂式、桥式、龙门式等多个种类。汽车的制造质量检测通常使用双悬臂式三坐标测量机,通过三根移动轴控制空间坐标并用两根旋转轴控制测头的检测角度,利用测头尾部的红宝石探针采集车身关键尺寸特征的偏差数据。

三坐标测量机能够为模具行业提供质量保证,是模具制造企业测量和检测的最好选择。首先,在为过程控制提供尺寸数据的同时,三坐标测量机可提供入厂产品检验、机床校验、客户质量认证、量规检验、加工试验以及机床设置优化等附加性能。高度柔性的三坐标测量机可以配置在车间中,并直接参与到模具加工、装配、试模、修模等各个生产阶段,提供必要的检测反馈,减少返工次数并缩短模具开发周期,从而最终降低模具的制造成本并将生产纳入控制。其次,三坐标测量机具有强大的逆向工程能力,是一个理想的数字化工具。通过不同类型的测头和不同结构形式的测量机的组合,能够快速、精确地获取工件表面的三维数据和几何特征,这对于模具设计、样品复制、模具修复特别有用。最后,三坐标测量机还可以配备接触式和非接触式扫描测头,并利用测量软件提供的强大的扫描功能,完成具备自由曲面形状特征的复杂工件的 CAD 模型的复制。此外,无需经过任何转换,复制的模型可以被各种 CAD 软件直接识别和编程,从而大大提高了模具设计的效率。

机加工产品的高精度测量如图 5.21 所示。

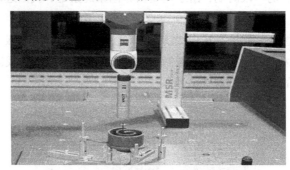

图 5.21 机加工产品的高精度测量

思政切入点:

① 我国超精密加工机床在效率、精度、可靠性,特别是规格(大尺寸)和技术配套性方面,与国外相比还有相当大的差距。另外,复杂曲面的精密加工也一直是我国制造业发展的壁垒,而制造业的发展关系着国家经济的长远发展。让学生明白科技强国的重要性。

② 通过比较国内外加工制造技术,引导学生了解目前国内在精密加工与质量检测的核心技术方面的发展现状与差距,激发学生的家国情怀、创造能力,引导学生树立起为实现中华民族伟大复兴而奋斗的崇高理想。

4. 教学内容分析

(1)教学内容

① 机械加工后的表面质量。

② 机械加工后的表面粗糙度。

③ 机械加工后的表面力学性能。

④ 控制机械加工表面质量的工艺途径。
⑤ 精密制造与检测技术的发展。

（2）教学重点

机械加工后的表面粗糙度、控制机械加工表面质量的工艺途径。

（3）教学难点

控制机械加工表面质量的工艺途径。

5. 教学过程

教学环节	教学内容	师生活动	设计意图
课程引入 （15分钟）	（1）机械加工后的表面质量和表面粗糙度 ·机械加工后的表面质量。 ·机械加工后的表面粗糙度	讨论机械加工表面粗糙度值的设计标准，让学生具备编写表面粗糙度值的初步能力	通过板书，吸引学生的注意力，激发学生的探究兴趣
讲授新知 （30分钟）	（2）机械加工后的表面力学性能和控制工艺 ·机械加工后的表面力学性能。 ·控制机械加工表面质量的工艺途径	讨论提高机械加工表面质量的工艺途径有哪些	引导学生发挥聪明才智，优化机械加工工艺
讲授新知 （30分钟）	（3）精密制造与检测技术的发展 ·超精密加工技术的发展现状。 ·我国精密加工技术与世界领先水平的差距	通过案例分析我国精密制造技术与外国发达国家的差异	引导学生明白科技强国的重要性，树立起为实现中华民族伟大复兴而奋斗的崇高理想
课堂小结 （15分钟）	课程主要知识点： ➢ 机械加工后的表面质量和表面粗糙度 ·机械加工后的表面质量。 ·机械加工后的表面粗糙度。 ➢ 机械加工后的表面力学性能和控制工艺 ·机械加工后的表面力学性能。 ·控制机械加工表面质量的工艺途径。 ➢ 精密制造与检测技术的发展 ·超精密加工技术的发展现状。 ·我国精密加工技术与世界领先水平的差距	简要总结课程核心知识点	梳理课程知识点，加深学生对知识点的掌握
作业布置	简答题： 结合发动机燃烧室对表面质量的要求，分析保证其表面质量的主要加工工艺。 分析题： 根据我国精密加工技术与检测技术的发展现状，分析如何提高我国的技术地位	围绕课程知识点和价值引领布置课后作业	通过作业训练，巩固课堂所学知识点

6. 教学效果分析与反思

（1）教学效果

① 我国超精密加工机床在效率、精度、可靠性，特别是规格（大尺寸）和技术配套性方面，与国外相比还有相当大的差距。另外，复杂曲面的精密加工也一直是我国制造业发展的壁垒，而制造业的发展关系着国家经济的长远发展，让学生明白科技强国的重要性，引导学生增强自主研发和创新意识，树立起为实现中华民族伟大复兴而奋斗的崇高理想。

② 通过比较国内外加工制造技术，引导学生了解目前国内在精密加工与质量检测的核心技术方面的发展现状与差距，激发学生的家国情怀、创造能力，让学生明白科技强国的重要性。

③ 将理论讲解与动画视频相结合，在向学生传授基本理论知识的同时，通过工程案例提升学生的知识运用能力，训练学生的系统思维和创新意识。

④ 师生互动积极，学生发言踊跃，学生满意度高，教学效果良好。

（2）教学反思

① 结合课程知识背景分析，把握时机，自然融入育人元素是开展课程思政教学的有效途径。

② 制造业中有充满挑战的研发设计类工作，优化传统制造业的生产结构，让汽车产业生产效率、制造精度得到进一步提升，是汽车产业的发展目标。

③ "中国制造 2025"明确了制造业是国民经济的主体，应当适当引导学生日后从事汽车产业制造类工作，使其成为汽车制造业人才。

④ 在教学过程中，应加强实物教具、多媒体课件等优质课程资源建设；注重在知识传授的同时，结合工程案例训练学生的知识运用和创新的能力，使课程教学有方法、有高度、有深度。

⑤ 注重提升教师自身的理论素养和育人能力，加强教育教学改革和实践探索，进一步提升课程教学效果。

06
第6章

汽车试验技术课程思政教学设计

6.1 课程概况

课程名称： 汽车试验技术
课程性质： 专业核心课程
专　　业： 车辆工程
教学对象： 大三本科生
使用教材： 赵立军，白欣. 汽车试验学. 北京：北京大学出版社，2008 年
学分/学时： 2/32
课程类型： 线下课程
课程简介： 本课程为车辆工程专业核心课程。该课程综合了计算机、汽车构造、汽车原理、信号处理、自动控制、传感器等多学科的最新技术，以试验技术原理和汽车总成、零部件试验为主线，着重介绍试验技术的技术特征、传感器、信号的中间变换与传输、试验数据采集系统的工作原理，以及汽车总成、零部件试验的方法。

6.2 课程教学目标

6.2.1 知识能力目标

① 掌握试验技术的基础知识和基本概念，掌握汽车试验的特点、分类、基本组成、原理以及其在汽车产业中的应用。

② 掌握测量误差分析与数据处理，汽车试验测试系统的静动态特性、响应和测定；掌握试验测试系统中常用传感器的工作原理、信号的中间变换与传输以及试验数据采集系统的工作原理。

③ 掌握温度、压力、流量、转速和转矩等物理量的测试原理和测试过程，初步具备分析、解决汽车试验测试中关键问题的能力。

④ 综合运用汽车试验技术，掌握汽车关键零部件和总成试验的基本原理；针对汽车工程领域中零部件试验的实际问题，特别是汽车强度与可靠性试验的问题，设计试验方案、试验步骤等。

6.2.2 课程思政教学目标

"汽车试验技术"紧紧围绕服务汽车强国的目标，从汽车试验理论与实践的发

展、汽车技术变革与现代化、绿色环保与以人为本以及汽车强国与未来汽车等方面开展课程思政设计。通过汽车试验学的典型发展历程，帮助学生理清学习汽车试验学的必要性和迫切性，引导学生开展基础理论学习与实践的主动性，培养学生的综合素质和责任担当；基于汽车从零件级到整车级试验过程中的关键试验技术与关键试验原理，强化学生的创新意识和科学、人文素养，培养学生的工程伦理素质和绿色发展观和可持续发展理念；结合汽车试验技术发展对促进我国汽车设计与制造发展的作用，讲述中国汽车从跟跑到并肩再到领跑的发展历程和取得的巨大成就，激发学生的民族自信心和自豪感，坚定学生的道路自信、理论自信、制度自信、文化自信。

6.3 课程思政总体设计

6.3.1 课程思政特征分析

（1）塑造家国情怀

通过汽车试验关键技术与关键标准的重大突破，显示了我国汽车产业与汽车技术发展路径的正确，激发学生的自强意识和不畏艰难、投身祖国建设事业的热情，强化学生的责任担当和家国情怀。

（2）筑牢工程伦理

汽车试验是保证汽车安全运行和可靠使用的关键。以日益突出的现代汽车工程的实践复杂性与伦理敏感性问题为例，突出将专业知识与人文修养有机结合的重要性，实现对学生的知识传授与价值塑造的协同，着力提升学生的工程伦理素质和"以人为本"的理念。

（3）培育科学思维

汽车试验涵盖物理、化学、材料学、力学、环境学等内容，属于多学科交叉领域，且试验技术发展过程中包含众多科学事件、科学故事、科学家、科学学派等内容。以此为基础，将科学探索与科学人文相结合，以科学家、科学故事为案例，引导学生进行科学思考，培育学生的科学思维和创新意识。

（4）关注绿色发展

传统汽车消耗化石燃料，汽车试验中的燃油经济性试验是汽车节能减排与减排升级的重要保障措施之一。通过对汽车能源消耗、尾气污染状况以及危害等案例的分析，树立学生的节能环保意识，筑牢其可持续发展理念。

6.3.2 课程思政方案设计

课程章节	知识点	课程思政教学要点	所属思政维度	教学方法
第一章	·汽车试验学的发展 ·汽车试验学的类型 ·汽车试验学的意义	·以汽车零件、关键总成以及整车等试验内容，强化学生的系统观和大局观。 ·解决复杂工程问题需综合考虑社会、健康、安全、法律等各方面因素	·普遍联系 ·系统观念 ·工程伦理素养	·讲授法 ·演绎法 ·案例教学
第三章	·传感器的类型 ·传感器的工作原理 ·传感器的选用原则	试验技术发展所伴随的科学事件、科学故事、科学家等内容	·创新意识 ·科学思维 ·安全意识 ·以人为本	·讲授法 ·案例教学
第五章	·数据采集技术基础 ·计算机数据采集系统	·汽车电子数字化极大地推动了汽车产业的发展和技术的进步，对汽车工程师也提出了更高的要求。 ·个人的发展要与国家的需求相结合，抓住机遇，直面挑战	·安全意识 ·创新精神 ·职业素养 ·危机与挑战意识	·讲授法 ·案例教学 ·对比分析
第八章	·流量计的类型 ·伯努利原理 ·伯努利现象	通过现象看本质，基于历史事件与伯努利现象，了解伯努利家族在物理、数学等领域的贡献，建立科学思维	·科学思维 ·创新意识 ·综合素养	·讲授法 ·案例教学
第十一章	·汽车动力性试验 ·汽车燃油经济性试验 ·汽车制动性试验 ·汽车操纵稳定性试验	·结合汽车有害物排放对环境、健康的危害，树立学生的"绿水青山就是金山银山"的绿色发展观和可持续发展理念。 ·汽车整车试验是保证汽车安全运行最为关键的环节，需要汽车工程师具备较好的职业素养和全面、过硬的综合能力	·环境意识 ·可持续发展 ·以人为本 ·工程伦理素养 ·职业素养	·讲授法 ·案例教学

6.4 学情分析

学生在前期已经完成了汽车构造、汽车理论、发动机原理、发动机构造等基础知识的学习，而将这些基础知识综合应用于汽车试验及汽车设计中，需要汽车试验技术的支撑；同时，本课程综合了计算机、汽车构造、汽车原理、信号处理、传感器等领域的最新技术，以试验技术原理和汽车总成、零部件试验为主线，着重介绍了试验技术的技术特征、传感器、信号的中间变换与传输、试验数据采集系统，以及汽车总成、零部件试验。本课程是一门提升学生职业能力的课程，也是一门培养学生职业素养的课程。课程教学过程中，一方面传授学生知识，另一方面提升学生的工程伦理素养。

6.5 典型教学案例

6.5.1 汽车试验学的发展历程

1. 教学目标

（1）知识目标

讲授与"汽车试验技术"课程相关的汽车试验学的发展、汽车试验的类型与意义。

（2）能力目标

基于前期的知识学习，将汽车相关基础理论知识运用于汽车试验中，从而提升学生的实践能力。

（3）价值目标

在提升学生的基础理论知识综合应用能力的同时，着力培养学生的工程伦理素养。

2. 教学手段与方法

教学手段：动画视频、多媒体课件相结合。

教学方法：课堂讲授+案例分析+互动交流。

3. 课程思政元素分析

汽车产业作为综合性产业已发展成衡量一个国家工业水平的重要标志。汽车的产量大、品种多、使用条件复杂、可靠性要求高。因此，在汽车全寿命周期内必须对汽车的性能、制造工艺、成本、使用效果等进行严格且科学的产品试验研究。

"汽车试验技术"是一门对汽车构造、设计与理论知识进行系统强化和全面验证的综合课程。随着汽车产业水平的提高和测试理论、方法、手段的不断进步，汽车试验技术也获得了快速发展。"汽车试验技术"课程内容丰富、学科涉及广泛，既包括试验数据测试与处理的基本知识，也包括汽车整车与关键总成的基本参数测量、专用设备的开发与使用，还包括汽车的使用性能试验方法和汽车检测基本手段等众多专业知识，有助于提升学生解决汽车工程技术问题的专业能力。

但是，课程仅仅围绕专业知识体系的建设是远远不够的，需要在教学过程中适时地对学生进行工程伦理素养引导，将知识传授与价值塑造有机融合，进一步提高学生对工程技术问题的认知深度与广度，提升学生在面临工程实际问题和工程伦理道德困境时的评判分析能力。

思政切入点：

汽车是由众多零件组成的产品。通常一辆汽车的独立零件有上万个之多，F1赛车的独立零件甚至高达2万多个，这使得汽车成为一种集成度高度复杂、高可靠度较难保证的产品。其既要保证上万个零件在各种行驶工况及道路环境条件下安全可靠运行，又要为人们提供功能性的需求并满足舒适性，这使得汽车工程师不仅需要具备较好的汽车设计与试验验证技术，还需要"以人为本"，更多地考虑人们在使用汽车过程中的便利性、安全性、舒适性等特殊需要。因此，作为保证汽车的性能、制造工艺以及生产使用效果等严格达标的专业课程，"汽车试验技术"课程需要传授给学生全面且扎实的理论知识，更要培养学生的工程伦理素养，为满足人们安全便捷地使用汽车提供保障。

4. 教学内容分析

（1）教学内容

汽车试验学的发展历史，汽车试验的类型与意义。

（2）教学重点

汽车试验的类型。

（3）教学难点

汽车试验的意义。

第 6 章　汽车试验技术课程思政教学设计

5. 教学过程

教学环节	教学内容	师生活动	设计意图
课程引入 （10分钟）	（1）汽车试验学的发展历史 结合汽车发展视频与图片等，介绍汽车试验学的发展历史，从宏观层面为学生介绍汽车试验技术的重要性与必要性，为学生学习汽车试验技术提供切入点 图 6.1　早期汽车 图 6.2　近代汽车 图 6.3　现代汽车	结合汽车发展历史脉络，介绍汽车试验学的发展过程，从而说明进行汽车试验的必要性	通过视频与图片展示（图6.1~图6.3），吸引学生的注意力，激发学生的探究兴趣

续表

教学环节	教学内容	师生活动	设计意图
讲授新知（20分钟）	（2）汽车试验的类型 围绕着试验目的、试验对象、试验方法，对汽车试验的类型进行分类介绍 图 6.4　汽车碰撞试验 图 6.5　汽车振动试验 图 6.6　汽车排放试验 图 6.7　典型道路试验	·阐述汽车试验类型，并选择某些典型汽车试验进行介绍（图 6.4~图 6.7）。 ·基于试验目的，将汽车试验分为产品检验性试验和科学研究性试验。 ·基于试验对象，将汽车试验分为零部件、机构总成与整车性能试验。 ·基于试验方法，将汽车试验分为室内台架试验、室外道路试验与试车场试验	·通过具体案例，对汽车试验进行分类介绍，有助于学生在整体上了解汽车试验学的知识框架，为学生建立知识储备进行合理的顶层设计。 ·阐述典型汽车试验开展的必要性，为之后的工程伦理教育提供切入点

第 6 章　汽车试验技术课程思政教学设计

续表

教学环节	教学内容	师生活动	设计意图
讲授新知 （10分钟）	（3）汽车试验的意义（图6.8） 图 6.8　汽车试验的必要性 （4）工程伦理（图6.9） 图 6.9　职业操守培养	·汽车试验是汽车科学与汽车产业发展的重要手段。汽车产业的发展是与汽车试验技术不断发展和完善分不开的，两者相互促进、全面发展。 ·汽车试验重要性介绍。 ·汽车试验相关工程伦理知识介绍	结合汽车产业与汽车试验的发展背景，阐明汽车试验的重要性，而汽车试验操作者的职业操守、操作水平以及社会责任心等更是关乎汽车试验成功的重要保障。因此，强调汽车试验过程中操作者的工程伦理素养是非常有必要的
课堂小结 （5分钟）	课程主要知识点： ·汽车试验学的发展。 ·汽车试验的类型。 ·汽车试验的重要性与工程伦理介绍	简要总结课程核心知识点	梳理课程知识点，加深学生对知识点的掌握
作业布置	·查阅资料，了解汽车试验相关内容。 ·预习测量误差分析	围绕课程知识点和价值引领布置课后作业	通过作业训练，巩固课堂所学知识点

6. 教学效果分析与反思

（1）教学效果

① 通过本课程的学习，学生可以较好地掌握汽车试验学的发展历史、汽车试验的类型与重要性等内容，整体上对汽车试验技术形成概括的了解，从而为汽车试验技术的学习奠定良好的基础。

② 结合汽车试验类型与重要性的介绍，在介绍典型汽车试验案例的同时，将汽车试验相关的工程伦理教育关联其中，包括但不限于生命安全意识教育、环境保护意识教育、职业伦理教育等，深刻揭示试验操作者在汽车试验过程中的重要性，从而提升学生的工程知识与职业素养。

（2）教学反思

在专业课程教学过程中，适时地增加工程伦理教育的内容，将专业知识与人文修养有机结合，同步做好对学生的知识传授与价值塑造，可培养既有过硬的专业技术又有高尚情操的汽车工程人员，为未来新工科的发展注入源源不断的动力。

6.5.2 汽车试验技术的分类研究

1. 教学目标

（1）知识目标

熟悉汽车试验技术的发展历程与发展趋势以及试验的分类方法，掌握各类汽车试验的意义。

（2）能力目标

能够结合所学知识，明确各类汽车试验的重要意义。

（3）价值目标

通过学习各类汽车试验的意义，明确各类汽车试验的责任，引导学生形成坚定不移的信念：从事各类试验工作尤其是检测性试验工作时，必须坚持"只问是非，不计利害"的实事求是原则。

2. 教学手段与方法

教学手段：实物教具、动画视频、多媒体课件相结合。

教学方法：课堂教授+案例教学+互动交流。

3. 课程思政元素分析

无论是汽车零部件还是整车，都必须由权威检测机构进行检验并且达到国家标准、行业标准、企业标准等才能供货或者上市。为维护国家利益和客户的合法权益，从事检测性试验工作时必须坚持实事求是原则，出具公正、科学、有效、规范的检测证明。

思政切入点：

从事各类试验工作尤其是检验性试验工作，必须坚守实事求是原则，不伪造、篡改试验数据，这是推动科学进步必须坚守的理念。

1935年8月，浙江大学创校校长竺可桢发表了题为《利害与是非》的演讲。他指出，当时的中国30年来提倡科学救国，但只看重西方科学带来的物质文明，却没有培养适合科学生长的科学精神。他说："科学精神就是'只问是非，不计利害'。这就是说只求真理，不管个人的利害，有了这种科学的精神，然后才能够有科学的存在。"他在历次演讲中反复强调："求是精神"就是一种"排万难冒百死以求真理"

的精神，必须有严格的科学态度："一是不盲从，不附和，只问是非，不计利害；二是不武断，不蛮横；三是专心一致，实事求是"。

4. 教学内容分析

（1）教学内容

① 汽车试验技术的发展历程和展望、汽车试验的分类方法。

② 各类汽车试验的意义。

（2）教学重点

汽车试验的分类方法、各类汽车试验的意义。

（3）教学难点

汽车试验的意义。

5. 教学过程

教学环节	教学内容	师生活动	设计意图
讲授新知 （10分钟）	（1）汽车试验的分类 汽车试验按照试验目的不同，分为产品检验性试验和科学研究性试验(简称科研性试验)	教师结合工程实践对各类汽车试验的意义进行讲解	通过课堂互动，让学生掌握各类汽车试验的意义，让学生意识到试验操作者的责任重大
讲授新知 （10分钟）	（2）产品检验性试验 图 6.10　传动轴扭转疲劳性能试验 图 6.11　衬套性能试验	汽车及其零部件必须由权威检测机构进行检验并且达到国家标准、行业标准、企业标准等才能供货或者上市。如图 6.10 所示的汽车传动轴扭转疲劳性能试验和图 6.11 所示的衬套性能试验，都属于产品检验性试验。为维护国家利益和客户的合法权益，检测机构必须坚持实事求是原则，出具公正、科学、有效、规范的检测证明；不出具未经检验检测的报告；不擅自篡改数据、结果，不出具虚假数据和结果；不伪造、变造检验报告。如果检测人员为了个人利益或者迫于压力而为不合格产品出具合格的试验报告，将给用户带来有可能涉及生命安全的巨大损失。因此，从事检测性试验工作时必须坚持"只问是非，不计利害"的实事求是原则	通过互动，让学生理解试验的意义，明确试验的责任，在试验中坚持实事求是原则

续表

教学环节	教学内容	师生活动	设计意图
讲授新知 （10分钟）	（3）科学研究性试验 图6.12 载荷谱采集试验应变片粘贴位置 图6.13 试验场比利时路面载荷谱采集	科学研究性试验是科学研究的重要支撑和验证环节，真实有效的试验数据是科学研究顺利进行的重要保障之一，科学研究性试验必须坚守求是精神。如图6.12、图6.13所示的载荷谱采集试验，只有通过试验获得真实有效的载荷谱，才能为汽车零部件台架疲劳试验加载谱的制定提供依据，同时也为汽车零部件的轻量化设计提供正确指导	通过互动，一方面让学生记住知识点，一方面让学生意识到真实的试验数据才能正确指导产品的开发
讲授新知 （15分钟）	（4）反例 在工程领域的科学研究性试验中不坚守实事求是原则的案例时有发生	2006年，杜克大学Anil Potti团队在国际顶级医学期刊 NEJM、JAMA 及 Nature Medicine 等上发表了几篇论文，包含了虚假的研究数据。Potti还篡改了临床试验数据集，以使癌症药物反应预测变量看起来更准确。真相大白后，患者提起诉讼直接导致杜克大学卷入了学术不端的旋涡，Potti也落得辞职的下场。寺田寅彦说过："在科学的世界里，谬误如同泡沫，很快就会消失，真理则是永存的"	通过互动让学生记住，不坚守实事求是原则终将要付出惨痛代价
作业布置	查阅资料，了解汽车试验类型及其意义的相关内容	围绕课程知识点和价值引领布置课后作业	通过作业训练，巩固课堂所学知识点

6. 教学效果分析与反思

（1）教学效果

① 将多媒体课件、实物教具、动画视频等相结合，在加深学生对知识点理解

和掌握的同时，给予学生适当的人文关怀，引导学生形成正确的价值观，培养学生积极向上的生活态度，培养学生的创新意识和担当精神，提升学生的综合素质。

② 师生互动积极，学生发言踊跃，教学效果良好，学生满意度高。

（2）教学反思

① 进一步加强实物教具、动画视频、多媒体课件等课程教学资源建设，为课程教学提供丰富的教学手段。

② 进一步深入挖掘凝练汽车产业发展过程中的育人元素，结合新时代背景下的汽车技术发展特点，以工程案例为载体，立德树人细无声。

6.5.3 汽车载荷谱采集试验

1. 教学目标

（1）知识目标

熟悉电桥的定义与工作原理，掌握电桥的工程应用方法。

（2）能力目标

能够结合所学知识，制定汽车载荷谱采集试验方案。

（3）价值目标

在载荷谱采集试验方案制定和试验实施过程中，严谨对待每个环节才能成就一次复杂的载荷谱采集试验，才能为产品开发提供有效的数据支撑。在工程实践中，只有人人坚守精益求精的精神，才能推进国家工业不断进步。

2. 教学手段与方法

教学手段：实物教具、动画视频、多媒体课件相结合。

教学方法：课堂讲授+案例教学+互动交流。

3. 课程思政元素分析

电桥的工程应用有很高的技术含量，在车辆工程领域典型的应用就是载荷谱采集试验，它为汽车开发提供数据支撑与验证。试验数据必须有效才能为产品开发提供准确的参考和指导。此外，载荷谱采集试验过程复杂且环环相扣，因此必须做到精益求精方能保证试验的成功。

思政切入点：

在载荷谱采集试验方案制定和试验实施过程中，每个环节都要坚守严谨和精益求精的工匠精神，才能确保试验的成功。

工匠精神是生产者、设计者在技艺和流程上的精益求精精神。精益求精精神追求完美和极致，是以品质赢得行业领先地位和消费者信赖的精神。这种精神是国家工业进步和科技发展的保障，也是国家综合实力提升的强大力量之一。

4. 教学内容分析

（1）教学内容

① 电桥的定义、电桥的工作原理。

② 电桥的工程应用方法。

（2）教学重点

电桥的工作原理、电桥的设计。

（3）教学难点

电桥的工程应用方法。

5. 教学过程

教学环节	教学内容	师生活动	设计意图
讲授新知（10分钟）	（1）悬架系统载荷谱采集案例（图6.14） 图6.14 试验对象结构示意图	教师介绍载荷谱采集的意义和本试验案例的目的，启发学生思考悬架系统各部件的受力状态	通过图片，直观地向学生展示悬架系统的结构和工作原理。通过互动，吸引学生的注意力，激发学生的探究兴趣
讲授新知（15分钟）	（2）接桥方法	首先根据试验目的和要求，制定应变片贴片方案，要充分应用电桥的加减特性；电桥能把各桥臂电阻变化所引起的电压变化自动输出，将温度和湿度对试验环境的干扰剔除，提高测试精度。电桥的设计方案可参照教材制定	通过互动，一方面让学生明确悬架各部件的受力状态以及接桥方法；另一方面让学生认识到必须严谨仔细地分析和设计电桥，否则将导致试验数据无效

教学环节	教学内容	师生活动	设计意图
讲授新知 （5分钟）	（3）打磨与贴片（图6.15） 图6.15 零件打磨并粘贴应变片	·贴片之前准备试验材料和相关辅料，如统一规格的应变片、接线端子、欧姆表、电缆、胶水、电烙铁、焊锡、松香、丙酮、硅胶、粗细砂纸、钢针、棉球等。 ·将需要贴片的承载件从车上小心拆下，先用粗砂纸初步打磨贴片，再用细砂纸精细打磨，直到打磨部位光亮如镜，如图6.15所示。接下来用丙酮清洗打磨部位，晾干后按照制定的贴片方案进行贴片。即使是统一规格的应变片，其原始电阻值也会有几欧的波动，因此贴片前，必须用欧姆表对应变片一一测量电阻值，对应变片一一编号并记录其电阻值。同一个信号的测量一定选用阻值一致的应变片，这样才能得到较高的测量精度	通过互动，一方面让学生记住知识点，一方面培养学生认真严谨的做事态度
讲授新知 （5分钟）	（4）接线端子焊接 图6.16 应变片通过端子连接形成电桥	应变片贴好后粘贴接线端子，接线端子的位置要尽可能靠近应变片（图6.16），以防止应变片的引线与被测零件接触而影响测量结果。接下来，使用电烙铁将应变片引线焊接到端子上，这个环节必须做到精益求精。原则是应变片的电阻值不可以因为焊接而改变，因此要求焊接牢固且焊料堆尽可能小。每当一根应变片引线焊接完成，都必须测量电阻，一旦发现阻值变化较大，立即用松香熔掉已经凝固的焊料堆，然后重新焊接。如果焊接技术不够熟练，焊接过程可能要重复几次。虽然这个焊接过程比较辛苦，但是为了得到可靠的试验数据，必须做到精益求精	通过互动，一方面让学生记住知识点，一方面引导学生意识到"严谨、细致"是保障试验成功的基础

教学环节	教学内容	师生活动	设计意图
讲授新知 （10分钟）	（5）打硅胶、连接数采仪器、标定等 图6.17 应变片与数采仪器电缆连接 图6.18 打硅胶保护应变片 图6.19 在台架上进行标定试验	后续的关键试验环节还有应变片周边绝缘处理、打硅胶保护应变片、标定、零部件装车、数采仪器连接、参数设置、数据通道的准确记录等，如图6.17~图6.19所示。每个环节都要严谨对待，才能成就一次复杂的载荷谱采集试验。只有获得准确的试验数据，才能为产品开发提供有效的数据支撑。在工程实践中，只有人人坚守精益求精的精神，才能推进国家工业技术发展	通过互动，一方面让学生记住知识点，另一方面让学生意识到精益求精是追求卓越品质的必备精神
作业布置	查阅资料，了解汽车载荷采集相关要求	围绕课程知识点和价值引领布置课后作业	通过作业训练，巩固课堂所学知识点

6. 教学效果分析与反思

（1）教学效果

① 将多媒体课件、实物教具、动画视频相结合，在加深学生对知识点理解和掌握的同时，给予学生适当的人文关怀，引导学生形成正确的价值观，培养学生积

极向上的生活态度，培养学生的创新意识和担当精神，提升学生的综合素养。

② 师生互动积极，学生发言踊跃，教学效果良好，学生满意度高。

（2）教学反思

① 进一步加强实物教具、动画视频、多媒体课件等课程教学资源建设，为课程教学提供丰富的教学手段。

② 进一步深入挖掘凝练汽车产业发展过程中的育人元素，结合新时代背景下的汽车技术发展特点，以工程案例为载体，立德树人细无声。

6.5.4 传感器之霍尔式传感器

1. 教学目标

（1）知识目标

针对不同的物理量，熟练掌握传感器的工作原理、选用标准以及对应的使用条件。

（2）能力目标

能够结合所学知识，对比分析不同传感器的工作原理；能够依据使用条件，选择合适的传感器。

（3）价值目标

分析传感器工作原理与使用条件，介绍传感器与车联网间的关系，引发学生对传感器的学习兴趣。

2. 教学手段与方法

教学手段：实物教具、动画视频、多媒体课件相结合。

教学方法：课堂讲授+对比分析+案例教学+互动交流。

3. 课程思政元素分析

车联网，即车载设备通过无线通信技术与信息网络平台实时进行信息互换与反馈，从而实现所有车辆动态信息的有效利用，而信息网络平台则实时地为运行车辆提供不同的功能服务。由此可以看出，车联网具有如下较为明显的几个特征：一方面，车辆与信息网络平台的实时反馈与沟通，可为车辆与车辆之间保持安全的间距提供保障，从而有效地降低车辆发生碰撞等事故的概率；另一方面，基于信息网络平台与车辆的实时交流信息，车联网可有效地实现基于行驶路况信息的车辆导航功能，并借助实时的车辆信息确定最佳行驶路线，进而提高交通运输的效率。

实现车联网的高效、稳定及可靠运行，其中最为关键的因素之一便是获得汽车行驶过程中车辆自身的及周围环境的信息。而这些信息的获得，就涉及本课程中传感器章节的内容。

思政切入点：

① 基于当前热点话题，展开智能汽车内容的介绍，吸引学生的注意力，并对学生未来的职业做一些前瞻介绍。

② 从智能汽车的功能实现引出霍尔式传感器，展开对传感器的介绍。当前我国所处的国际环境对我国的高技术发展带来了巨大挑战，但同时也激发了我国的自主创新热潮。

4. 教学内容分析

（1）教学内容

霍尔式传感器的工作原理与应用。

（2）教学重点

霍尔式传感器的工作原理、使用条件与选用标准。

（3）教学难点

霍尔式传感器的工作原理。

5. 教学过程

教学环节	教学内容	师生活动	设计意图
课程引入 （5分钟）	（1）智能汽车与车联网介绍 结合视频与图片等，介绍当前智能汽车与车联网的时事新闻，以此引出智能汽车（图6.20）与车联网（图6.21） 图6.20　智能汽车 图6.21　车联网	结合智能汽车与车联网的视频与图片进行内容介绍	通过视频与图片展示，吸引学生的注意力，激发学生的探究兴趣

第 6 章　汽车试验技术课程思政教学设计

续表

教学环节	教学内容	师生活动	设计意图
课程引入 （5分钟）	（2）抛出问题（图6.22） 图 6.22　车联网与数据计算	抛出问题：对于高速旋转的零部件，如何精确地测量其转速、旋转角度及旋转周期等参数	通过对智能汽车与车联网的介绍，将内容聚焦于汽车旋转部件的参数测量，从而引出霍尔式传感器
讲授新知 （25分钟）	（3）霍尔式传感器工作原理（图6.23与图6.24） 图 6.23　霍尔效应 (a) 连接方式 (b) 电荷运动 图 6.24	·介绍霍尔效应。 ·霍尔效应是如何建立的？ ·详细介绍霍尔效应建立的过程。 ·霍尔效应涉及的公式推导	·结合动图，让学生理解霍尔效应是如何建立的。 ·围绕霍尔效应的分布，详细地介绍霍尔效应产生与建立的过程。 ·基于电磁学知识，介绍霍尔效应涉及的相关电磁公式的推导

教学环节	教学内容	师生活动	设计意图
讲授新知 （25分钟）	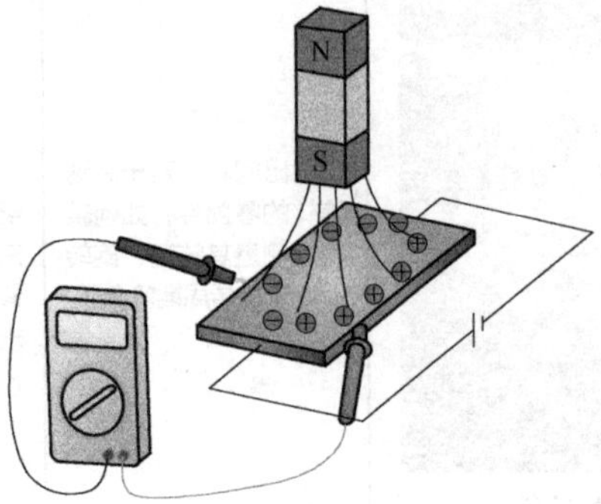 (c) 参数测试 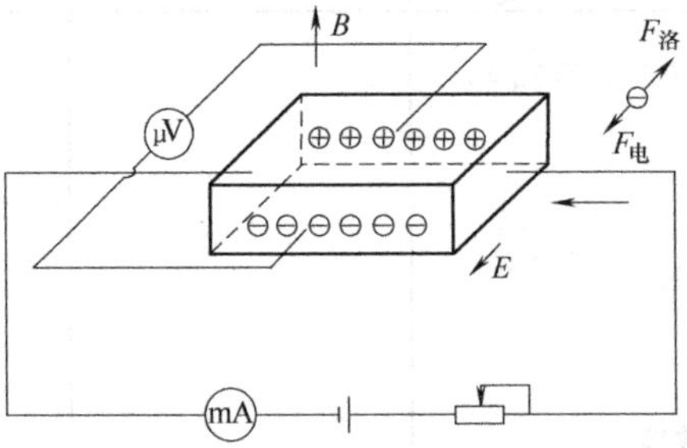 (d) 原理模型 图6.24　霍尔式传感器的工作原理模型	·介绍霍尔效应。 ·霍尔效应是如何建立的？ ·详细介绍霍尔效应建立的过程。 ·霍尔效应涉及的公式推导	·结合动图，让学生理解霍尔效应是如何建立的。 ·围绕霍尔效应的分布，详细地介绍霍尔效应产生与建立的过程。 ·基于电磁学知识，介绍霍尔效应涉及的相关电磁公式的推导
新知识的应用与讨论 （10分钟）	霍尔式传感器应用实例如图6.25所示 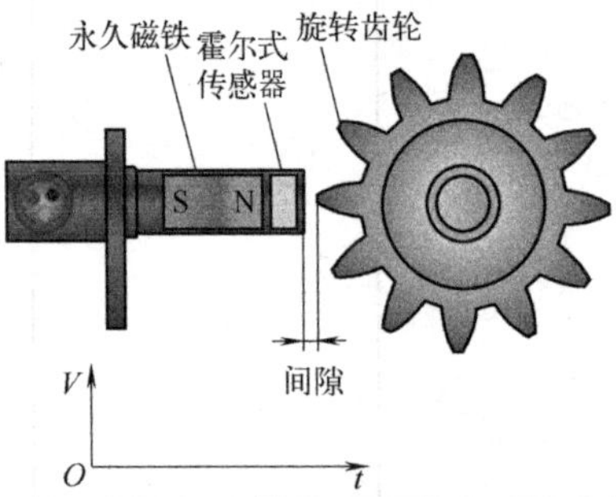 图6.25　霍尔式传感器应用实例	·霍尔式传感器如何测量旋转部件的参数？ ·介绍如何选用霍尔式传感器	逐步让学生从理论知识学习提升至工程应用，不断拓宽学生的应用能力。另外，基于使用工况，全面提高学生理论知识应用的综合素质

续表

教学环节	教学内容	师生活动	设计意图
课堂小结 （5分钟）	**课程主要知识点：** ·霍尔式传感器的工作原理。 ·霍尔效应建立过程及相关公式推导。 ·霍尔式传感器的选用标准与应用场景	简要总结课程核心知识点	梳理课程知识点，加深学生对知识点的掌握
作业布置	·线上课后习题（扫描二维码，提交线上作业）。 ·查阅资料，了解更多霍尔式传感器的应用场景及其制造工艺等信息。 ·预习下节课内容——光电传感器的工作原理	围绕课程知识点和价值引领布置课后作业	通过作业训练，巩固课堂所学知识点

6. 教学效果分析与反思

（1）教学效果

① 通过上述内容的学习，学生可以较好地掌握传感器的工作原理、使用条件与选用标准，为之后开展汽车设计与试验工作奠定基础。

② 通过时事新闻及前沿技术的介绍，学生可较好地了解行业前沿，同时可以获得国家安全与个人安全的知识，有效地帮助学生树立正确的价值观。

③ 课程设计灵活，课堂互动较多，学生参与感较强，在知识的深度和广度上相互促进且满足了学生的求知欲。

（2）教学反思

① 做好教学过程中优缺点的总结，提升课程讲解水平。

② 做好与学生的线上线下实时交流，真实地掌握学生的学习情况，为与之后课程的连贯学习做好准备。

③ 在教学过程中，应加强实物教具、多媒体课件等优质课程资源建设；注重在知识传授的同时，结合工程案例训练学生的知识运用和创新的能力，使课程教学有方法、有高度、有深度。

6.5.5 节流式流量计

1. 教学目标

（1）知识目标

掌握节流式流量计的工作原理，掌握伯努利方程的建立过程以及公式推导等内容。

（2）能力目标

能够结合所学知识，掌握伯努利方程的建立过程；能够结合实际情况，学会分析不同形式的伯努利现象。

(3) 价值目标

将课程知识点与其背后的科学家故事一起传授给学生，让学生既了解科学发展的历程，又了解知识体系形成的过程，这不仅有助于学生形成良好的科学探索思维，更增加了学生在课堂学习的活跃性，极有利于师生间的沟通和交流。

2. 教学手段与方法

教学手段：实物教具、动画视频、多媒体课件相结合。

教学方法：课堂讲授+对比分析+案例教学+互动交流。

3. 课程思政元素分析

流量（如空气流量、燃油消耗量、冷却水及润滑油的流量等）是汽车试验与使用过程中重要的测量内容之一，是汽车测试仪器仪表重要的监测内容之一，亦是保证汽车安全可靠运行的重要基础参量之一。通常，流量指单位时间内流过给定流通截面的流体质量（质量流量）或体积数（体积流量）。流量测量时常常会基于测量实现手段的难易程度、精度等条件，选择使用体积流量还是质量流量作为流量参数。另外，在实际工程中还会选择平均流量，即流过某流通截面的流体总量除以经历的时间，这是一种简单的流量测量方法。

工程中使用流量计进行流量测量，包括容积型流量计、速度型流量计和质量型流量计，其中速度型流量计较为常用，特别是节流式、动压式与转子式速度型流量计被大量使用。节流式流量计（又称为差压式流量计）是工程中应用较广泛的速度型流量计。其利用节流的方法把流量信号转换为差压信号，通过直接或间接方式测量差压变化来测定流量。其主要工作过程是基于伯努利原理的。

通过介绍伯努利原理，讲述瑞士著名物理学家、数学家伯努利的故事，进而引申出与伯努利相关的科学家及其故事。

思政切入点：

传统的节流式流量计应用场景广泛。需要引入新知识提高学生的学习兴趣：一方面可引入伯努利家族相关人物的故事，将科学家的思维与精神带入课堂，提高课堂的趣味性与学术性；另一方面可引入生活中其他伯努利现象，进一步地夯实学生学习的本课程的理论知识，提高学生新学知识的广度与深度。

4. 教学内容分析

(1) 教学内容

节流式流量计的工作原理与应用。

（2）教学重点

节流式流量计的工作原理。

（3）教学难点

节流式流量计的工作原理。

5. 教学过程

教学环节	教学内容	师生活动	设计意图
课程引入（5分钟）	（1）空气流量测量（图6.26） 结合视频与图片等，介绍空气流量的测量方法与测量装置，并引出节流式流量计 图 6.26 空气流量测量	结合汽车动力学、发动机原理等内容，介绍空气流量测量的必要性	通过视频与图片展示，吸引学生的注意力，激发学生的探究兴趣
讲授新知（15分钟）	（2）节流式流量计的工作原理（图6.27） 图 6.27 节流式流量计工作原理示意图	·从节流式流量计的介绍引出其工作原理——伯努利原理。 ·详解伯努利方程的建立过程	通过案例引申出本课程讲授的内容，并围绕着伯努利方程的建立过程进行详细讲解

续表

教学环节	教学内容	师生活动	设计意图
新知识的应用与讨论（10分钟）	（3）日常生活中其他伯努利现象举例（图6.28与图6.29） 图6.28 机翼升力 图6.29 其他伯努利现象	为帮助学生进一步地理解伯努利现象，使用其他伯努利现象案例进行伯努利原理的讲解。例如： ·相向行驶船舶相撞案例； ·高速相向行驶列车为何要有安全距离； ·飞机飞行原理； ·喷雾器的工作原理	通过对日常生活中伯努利现象案例的详细阐释，使学生了解伯努利原理、伯努利方程的建立过程以及应用场景，进一步地拓展学生对伯努利现象的认知深度，为介绍科学家伯努利奠定基础
课程思政内容介绍与深化（10分钟）	（4）伯努利现象背后的巨人——科学家伯努利 ·伯努利原理的发现者——丹尼尔·伯努利（图6.30）。 ·洛必达法则的发现者——约翰·伯努利。 ·曲率半径计算公式的发现者——雅各布·伯努利 图6.30 丹尼尔·伯努利	师生互动： ·为何科学家在伯努利家族中相继出现？ ·伯努利是如何发现伯努利现象并建立了伯努利方程的	·科学成果的取得需要良好的氛围，例如伯努利家族接连出现影响世界科学发展的科学家，是因为他们受家族科学氛围的影响。 ·如果日常学习中同学间保持纯粹的你追我赶、合作与竞争的学习氛围，将被动学习变为主动学习，成绩肯定都会大放异彩。 ·通过上述内容的阐述，将学习方法与科学精神在授课过程中进行传授，从而提升学生的学习主动性和积极性，为学生建立良好的学风学貌贡献力量

续表

教学环节	教学内容	师生活动	设计意图
课堂小结 （5分钟）	课程主要知识点： ·空气流量测量方法。 ·节流式流量计。 ·伯努利原理介绍	简要总结课程核心知识点	梳理课程知识点，加深学生对知识点的掌握
作业布置	·线上课后习题（扫描二维码，提交线上作业）。 ·查阅资料，了解更多节流式流量计的应用场景。 ·预习下节课内容——双扭线流量计的工作原理	围绕课程知识点和价值引领布置课后作业	通过作业训练，巩固课堂所学知识点

6. 教学效果分析与反思

（1）教学效果

① 通过上述内容的学习，学生可以较好地掌握节流式流量计的工作原理；另外，结合其他伯努利现象案例，让学生更加深入地理解伯努利原理与方程。

② 结合课程内容介绍，引出科学家伯努利及其家族，同时关联科学家的科研精神及如何学习等内容，提高学生对科学精神的理解深度，为其能主动学习提供良好的指导。

（2）教学反思

① 课程内容设置方面需要进一步地优化，做好教学过程中优缺点的总结，提升课程讲解水平。

② 教学技巧方面需要进一步地凝练，未来可将故事与教学内容相结合，加强与学生的互动，更大程度地激发学生学习的主观能动性。

07
第7章

汽车质量管理课程思政教学设计

7.1 课程概况

课程名称： 汽车质量管理
课程性质： 专业必修课
专　　业： 车辆工程
教学对象： 大四本科生
使用教材： 温德成.质量管理学. 第3版. 北京：机械工业出版社，2020年
学分/学时： 2/32
课程类型： 线下课程
课程简介： 该课程是车辆工程专业的重点课程，主要围绕汽车研发与制造过程中产品质量控制、管理技术的概念、理论、分析方法与应用开展教学活动，着重介绍汽车产业质量管理体系、质量管理技术发展历程、基于数据驱动的研发质量改进方法、制造过程质量控制方法以及面向实际工程应用的案例分析、软件工具应用等内容，目的在于让学生了解车辆工程领域的法规、标准、体系，以及培养学生在专业领域中的项目管理能力。

7.2 课程教学目标

7.2.1 知识能力目标

① 掌握质量的基本概念、与汽车产品和制造过程相关的质量管理体系的发展历程与现有状态。
② 掌握汽车制造过程数据驱动的质量控制、管理的基本理论与分析方法。
③ 学会采用质量数据处理相关软件完成工程案例的分析与应用，使学生在掌握基本的汽车零部件设计与制造工艺流程的基础上，能够在质量、成本等多重要求下学会产品设计以及制造中的质量改进与管理的问题的分析流程与解决方法。

7.2.2 课程思政教学目标

① 掌握质量的基本概念、与汽车产品和制造过程相关的质量管理体系的发展

历程与现有状态，介绍我国汽车产业产品研发与制造质量的提升历程，培养学生对我国汽车产业的自豪感。

② 培养学生在汽车质量设计与过程控制中的实际问题解决能力、团队合作意识。

③ 通过工程案例，尤其是大数据驱动的质量数据分析、诊断与控制理论的学习以及质量理论应用实践，培养学生解决复杂车辆工程问题的能力与创新能力，以便其将来更好地适应社会。

7.3 课程思政总体设计

7.3.1 课程思政特征分析

在专业课程中构建"专业案例+思政案例"融合的教学方法，润物细无声地培养学生的爱国精神和奋斗精神，增强学生的文化自信、大国自信和社会担当精神，培养合格的社会主义接班人，学做事前先学做人。

7.3.2 课程思政方案设计

课程章节	知识点	课程思政教学要点	所属思政维度	教学方法
第一章	·质量管理学的发展 ·质量管理的传统观点 ·面向工程设计、制造的汽车质量管理概述	通过介绍我国汽车产业产品研发与制造质量的提升历程，培养学生对我国汽车产业的自豪感	思想政治教育，培养家国情怀与大国自信	讲授法
第二章	·质量控制的数理统计学基础 ·质量波动理论与"两种质量"控制图的原理 ·控制图的设计与判定准则	通过讲解质量统计学理论在中国汽车产业中的应用案例与实践效果，引导学生学习中国科研人的工匠精神	崇尚科学精神，弘扬优秀传统文化	·讲授法 ·案例教学
第三章	·汽车制造工艺流程简介 ·汽车制造质量评价方法与案例 ·汽车装配质量监控方法与案例 ·汽车制造质量诊断方法与案例	·汽车制造工艺发展历程与目前取得的巨大成果。 ·汽车研发周期与制造质量的提升水平	坚守专业定位，服务国家战略、产业要求	·互动交流 ·案例教学

续表

课程章节	知识点	课程思政教学要点	所属思政维度	教学方法
第四章	·质量检测与采样 ·设计质量管理概述 ·正交试验设计及解释 ·田口方法 ·案例应用	通过汽车制造质量检测软硬件设备的发展历程与特点分析，让学生了解我国检测装备业的发展现状与水平，取长补短，奋勇争先	注重实践育人，培养担当精神	·互动交流 ·案例教学
第五章	·TS 16949规范概述 ·产品质量先期策划程序 ·潜在失效模式及后果分析 ·生产件批准程序 ·测量系统分析	通过汽车产业国内外质量管理体系的发展历程与基本流程的学习，分析我国汽车产业质量管理的水平以及国内外体系、工具的异同，增强学生"制造强国""质量强国"的爱国精神	培养学生的爱国精神和奋斗精神，增强学生的文化自信、大国自信	·案例教学 ·互动交流 ·对比分析

7.4 学情分析

学生听课比较认真，能够及时复习课程教学内容，按时完成作业。课余时间与学生沟通交流发现，学生上进心较强，希望通过课程学习切实提高知识运用能力。学生普遍乐于接受新鲜事物，特别关注汽车产业质量管理体系、法规等快速发展的状态，对工程实际案例很感兴趣，为通过案例对学生进行价值塑造提供了很好的条件。

7.5 典型教学案例

7.5.1 数据驱动的制造质量在线报警

1. 教学目标

（1）知识目标

理解质量管理基本原理、产品质量形成过程、质量管理原理与方法、基础工作等，掌握汽车制造过程数据驱动的质量控制、管理的基本理论与分析方法。

（2）能力目标

学会采用质量数据处理相关软件完成工程案例分析与应用，使学生在掌握基本的汽车零部件设计与制造工艺流程的基础上，能够在质量、成本等多重要求下学会产品设计以及制造中的质量改进与质量管理问题的分析流程与解决方法。

（3）价值目标

基于多角度多案例展现工业制造中的制造质量和质量管理，让学生认识到制造质量的作用，激发学生学习质量管理的兴趣。

2. 教学手段与方法

教学手段：实物教具、动画视频、多媒体课件相结合。

教学方法：课堂讲授+对比分析+案例教学+互动交流。

3. 课程思政元素分析

过程质量控制是"汽车质量管理"课程的关键章节与重要知识点，其主要指原材料投入生产到产品最终包装的过程的质量控制，主要区别于产品的设计质量。本章主要偏重统计质量控制方法的应用，尤其随着传感器、智能感知系统的发展，使得制造过程数据采集与获取变得愈发容易，数据类型、数据精度、数据采集频次与数据量等得到极大的发展，采集的数据可构成制造过程的大数据池与数据管理系统。通过本章内容的介绍，使学生学会将多元统计学等知识应用于质量评价、质量监控与故障诊断等多领域。另外，结合我国国情，让学生深刻理解汽车制造业在我国国民经济发展中的支柱作用，了解我国汽车产业制造质量在近 20 年迅速提升的成绩，从而激发学生学习的积极性、主动性。通过介绍"过程质量控制"在汽车产业中的应用背景、技术方法、经济效益等，让学生了解我国汽车产业发展历程与质量提升方法，使学生为我国汽车产业制造质量感到自豪。

思政切入点：

① 联系当前我国所处的国际环境，紧密结合我国是汽车保有量大国的国情，深刻理解汽车制造业在我国国民经济发展中的支柱作用，了解我国汽车制造质量在近 20 年迅速提升的成绩，从而激发学生学习的积极性、主动性。

② 通过讲述"过程质量控制"在汽车产业中的应用背景、技术方法、经济效益等，让学生了解我国汽车产业发展历程与质量提升方法，使学生为我国汽车产业制造质量感到自豪，激发学生的爱国精神和文化自信。

4. 教学内容分析

（1）教学内容

① 质量控制的数理统计学基础。

② 质量波动理论与"两种质量"控制图的原理。

③ 控制图的设计与判定准则。

④ 过程能力分析。

（2）教学重点

各种控制图的原理与应用场合。

（3）教学难点

控制图的设计与判定准则。

5. 教学过程

教学环节	教学内容	师生活动	设计意图
课程引入（15分钟）	（1）质量控制的数理统计学基础 结合带反馈的过程控制系统模型（图7.1），引入控制图 图 7.1 带反馈的过程控制系统模型	结合 AIAG 集团发布的统计过程控制（SPC）手册，简要说明控制图的概念及其在统计过程中的作用	通过图片展示，吸引学生的注意力，激发学生的探究兴趣
	（2）质量波动理论与"两种质量"控制图的原理 讲解分析两种控制图的原理与应用场合	·讲解"两种质量"控制图的原理。 ·讲解质量波动理论	利用板书进行理论推导，阐明工作原理，提升学生的知识运用能力
讲授新知（30分钟）	（3）控制图的设计与判定准则 控制图技术将上述两类波动进行区分，并通过构造 X-bar、R、S、EWMA、CUSUM 等不同类型的控制图对产品质量进行监控。 多工装异常导致的数据统计异常表现如图 7.2 所示 图 7.2 多工装异常导致的数据统计异常表现	通过对不同判定准则的学习，使学生掌握不同控制图异常的判定，从而为产品过程质量的报警提供理论依据	结合案例分析，让学生充分理解统计过程控制的应用价值

教学环节	教学内容	师生活动	设计意图
讲授新知（35分钟）	（4）大数据驱动的质量控制 通过引入近年来传感技术、机器人技术以及人工智能技术的迅猛发展，制造质量控制逐步迈向大数据管理与在线质量监控的阶段，介绍相关的质量大数据分析的思路与理论方法等 图7.3 基于大数据的质量监控	·介绍质量大数据的组成部分。 ·对照图片介绍基于大数据的质量监控（图7.3）	通过介绍大数据驱动的质量控制流程，让学生了解汽车制造质量的实时评价、质量预警、故障诊断与预测性维护的重要工具和理论依据
课堂小结（10分钟）	课程主要知识点： ➢ 质量控制的数理统计学基础 ➢ 质量波动理论与"两种质量"控制图的原理 ·质量波动理论。 ·控制图的原理。 ➢ 控制图的设计与判定准则 ➢ 过程能力分析	简要总结课程核心知识点	梳理课程知识点，加深学生对知识点的掌握
作业布置	分析题： 质量控制的数理统计学在汽车产业中的应用案例有哪些	围绕课程知识点和价值引领布置课后作业	通过作业训练，巩固课堂所学知识点

6. 教学效果分析与反思

（1）教学效果

① 通过讲述"制造强国"战略目标以及目前我国完备的工业体系与较好的汽车制造质量，让学生了解我国目前的工业布局与质量管理方法以及汽车产业质量管理体系、法规等快速发展的状态，增强学生的民族自豪感。

② 针对目前质量管理体系、标准和法规发展中软件、硬件等研发不足的现状，提出未来的重点发展方向，提升学生投身制造强国建设的使命感。

③ 结合对大数据、数字孪生以及在线质量管理等先进技术的讲解，激发学生学习新技术的兴趣，引导学生积极投身汽车制造业的"卡脖子"领域，切实提升我国汽车产业研发水平与制造质量。

④ 将理论讲解与动画视频相结合，在向学生传授基本理论知识的同时，通过工程案例提升学生的知识运用能力；注重质量管理与质量提升方面的介绍，培养学生的质量管理意识。

⑤ 以"数据驱动的制造质量在线报警"为工程案例，使学生深刻理解汽车制造业在我国国民经济发展中的支柱作用，了解我国汽车制造质量在近20年迅速提升的成绩，从而激发学生学习的积极性、主动性和民族自豪感，孕育学生的责任担当精神和家国情怀。

⑥ 师生互动积极，学生发言踊跃，学生满意度高，教学效果良好。

（2）教学反思

① 结合课程知识背景分析，把握时机，自然融入育人元素是开展课程思政教学的有效途径。

② 汽车制造质量的过程控制是汽车质量得以保证的重要技术支撑，是汽车制造工艺、统计学以及质量管理学等多学科知识的综合应用。

③ 目前，我国汽车产业已将统计过程控制技术深度应用于汽车制造质量管理与质量控制过程中，并形成了大量经验与成功案例，为我国汽车制造质量高水平发展提供了技术支撑。

④ 在教学过程中，一方面要让学生掌握统计过程控制的关键知识点、在汽车产业中的应用案例以及工程应用价值；另一方面要通过我国汽车制造质量的迅速提升与发展水平，激励学生热爱祖国、热爱本专业的情感。

⑤ 注重提升教师自身的理论素养和育人能力，加强教育教学改革和实践探索，进一步提升课程教学效果。

7.5.2 质量分析方法

1. 教学目标

（1）知识目标

熟悉汽车设计流程与规范，了解面向质量的产品设计理念与方法，掌握正交试验的表头以及相关试验设计原理，了解田口方法以及可靠性设计等理论在汽车设计质量管理中的应用，通过案例加深理解各类设计方法。

（2）能力目标

学会采用质量数据处理相关软件完成工程案例的分析与应用。让学生在掌握基本的汽车零部件设计与制造工艺流程的基础上，掌握质量分析的方法。

（3）价值目标

基于多角度多案例展现工业中的制造质量和质量管理，让学生认识到制造质量的作用，引发学生学习质量管理的兴趣。

2. 教学手段与方法

教学手段：实物教具、动画视频、多媒体课件相结合。

教学方法：课堂讲授+对比分析+案例教学+互动交流。

3. 课程思政元素分析

质量是企业的生命线。质量管理作为企业管理的重要组成部分，对企业的生存发展具有很重要的意义。随着质量管理的不断发展，质量管理由以前的重结果转变为目前的重预防，从"事后把关"变为"事前预防"，从管理结果变为管理因素。因此，在对设计质量管理知识点的讲解中，要求学生分析整个生产过程中造成产品质量波动的主要因素，即人、机（机器设备）、料（材料）、法（方法）、测（测量）、环（环境）这六大因素。通过这部分内容的讲解，学生需掌握影响制造质量的主要因素，学会利用试验设计（即DOE）方法分析质量影响因素中的显著因素。同时，通过对大国工匠的具体实例的分享，并结合上述六大因素中的"人"因素，即由操作人员起主导作用的工序所产生的缺陷问题，让学生在掌握知识点的同时，学习质量践行者对制造质量精益求精的孜孜追求和爱岗敬业的精神。

思政切入点：

① 通过对汽车质量检测软硬件设备的发展历程与特点的分析，让学生了解我国检测装备业的发展现状与水平，并能取长补短，奋勇争先。

② 通过对大国工匠的具体实例的分享，让学生在掌握知识点的同时，学习质量践行者对制造质量精益求精的孜孜追求和爱岗敬业的精神。

4. 教学内容分析

（1）教学内容

① 质量检测与采样。

② 设计质量管理概述。

③ 正交试验设计与解释。

④ 田口方法。

⑤ 案例应用。

（2）教学重点

质量检测与采样、正交试验设计与解释。

（3）教学难点

正交试验设计与解释。

5. 教学过程

教学环节	教学内容	师生活动	设计意图
课程引入 （15分钟）	（1）质量检测与采样、设计质量管理概述 结合质量是企业的生命线，质量管理作为企业管理的重要组成部分，对企业的生存发展具有很重要的意义，引入质量检测与采样方法	熟悉汽车设计流程与规范，了解面向质量的产品设计理念与检测方法	通过阐述，吸引学生的注意力，激发学生的探究兴趣
讲授新知 （30分钟）	（2）正交试验设计与解释、田口方法 讲解正交试验的表头与相关试验设计方法的原理	结合汽车零部件工程设计案例，采用田口正交试验设计方法进行案例分析	结合案例分析，让学生学会利用试验设计方法分析质量影响因素
讲授新知 （35分钟）	（3）案例分析 以航空发动机焊装工艺高级技师高凤林的事迹作为案例进行说明。 在新材料、新工艺、新结构、新方法等大型攻关项目中，特别是在新型大推力发动机的研制生产、科技攻关中，他以非凡的胆识、严谨的推理、娴熟的技艺攻克难关，并结合自己对焊接过程的特殊感悟与深刻理解，灵活而又有创造性地将所学知识运用于自动化生产、智能控制等柔性加工，为国防和航天科技现代化做出了杰出贡献，给企业带来巨大效益。 图7.4所示为长征五号火箭的发动机 图7.4 长征五号火箭的发动机	介绍高凤林采用创新性的焊接方式成功焊接火箭发动机头部稳定装置的事迹	通过介绍高凤林的事迹，阐述对工艺、质量有影响的众多因素中，人是影响产品质量的重要因素。唯有通过对制造业的投入与人的奉献才能让我国汽车、航空航天等产业的质量管理水平不断提升

续表

教学环节	教学内容	师生活动	设计意图
课堂小结 （10分钟）	课程主要知识点： ·质量检测与采样基础知识。 ·正交试验的表头与相关试验设计方法的原理。 ·了解田口方法以及可靠性设计等理论在汽车设计质量管理中的应用，并通过案例加深理解各类设计方法	简要总结课程核心知识点	梳理课程知识点，加深学生对知识点的掌握
作业布置	分析题： 结合汽车零部件工程设计案例，采用田口正交试验设计方法进行案例分析，并整理分析报告	围绕课程知识点和价值引领布置课后作业	通过作业训练，巩固课堂所学知识点

6. 教学效果分析与反思

（1）教学效果

① 质量是企业的生命线，因此在对设计质量管理知识点的讲解中，要求学生分析整个生产过程中造成产品质量波动的主要因素，即人、机（机器设备）、料（材料）、法（方法）、测（测量）、环（环境）这六大因素。

② 通过这部分内容的讲解，使学生掌握影响制造质量的主要因素，学会利用DOE试验设计方法分析质量影响因素中的显著因素。

③ 通过对大国工匠的具体实例的分享，并结合上述六大因素中的"人"因素，即由操作人员起主导作用的工序所产生的缺陷问题，让学生在掌握知识点的同时，学习质量践行者对制造质量精益求精的孜孜追求和爱岗敬业的精神。

④ 将理论讲解与动画视频相结合，在向学生传授基本理论知识的同时，通过工程案例提升学生的知识运用能力；注重质量分析方法方面的介绍，培养学生的质量分析能力。

⑤ 以高凤林的事迹作为人物案例，阐述对工艺、质量有影响的众多因素中，人是影响产品质量的重要因素。唯有通过对制造业的投入与人的奉献才能让我国汽车、航空航天等产业的质量管理水平不断提升。

⑥ 师生互动积极，学生发言踊跃，学生满意度高，教学效果良好。

（2）教学反思

① 结合课程知识背景分析，把握时机，自然融入育人元素是开展课程思政教学的有效途径。

② 试验设计理论与方法是设计质量管理中的重要理论与方法，是抽样理论、统计学以及制造工艺学等多学科知识的综合应用。

③ 在汽车产业的面向质量的零部件与产品设计中，计算机仿真与试验设计方法获得广泛应用，为我国汽车制造质量提升奠定了良好的理论基础与信息化基础。

④ 目前，我国汽车产业已将统计过程控制技术深度应用于汽车制造质量管理与质量控制过程中，并形成了大量经验与成功案例，这为我国汽车制造质量高水平发展提供了技术支撑。

⑤ 通过本节学习，可以让学生掌握试验设计方法，同时加强学生对质量影响因素中"人"因素的重要性的认识。通过大国工匠实例的分享与讲解，激发学生爱岗敬业的精神。

⑥ 注重提升教师自身的理论素养和育人能力，加强教育教学改革和实践探索，进一步提升课程教学效果。

7.5.3　我国质量标准体系的地位与发展

1. 教学目标

（1）知识目标

熟悉汽车产业质量标准体系，了解产品质量先期策划程序、潜在失效模式与后果分析、生产件批准程序以及测量系统分析等的内容。

（2）能力目标

学会采用质量数据处理相关软件完成工程案例的分析与应用，使学生在掌握基本的汽车零部件设计与制造工艺流程的基础上，能够熟练掌握汽车产业质量标准体系。

（3）价值目标

我国要想在国际汽车产业中站稳脚跟，达到世界一流造车水平，建立一套国际认可度较高的完整的质量标准体系是必不可少的。完整的质量标准体系不仅能够提升我国汽车产业的的国际话语权，帮助我国汽车企业参与制定国际质量标准，还能极大地提升国内汽车品牌的国际知名度，激发人民的民族自信心。

2. 教学手段与方法

教学手段：实物教具、动画视频、多媒体课件相结合。

教学方法：课堂讲授+对比分析+案例教学+互动交流。

3. 课程思政元素分析

为了适应国际贸易的不断发展，各国的质量管理与质量保证标准急需得到统一。为此，ISO 于 1979 年成立了品质保证技术委员会，即 TC176，负责制定质量管理和质量保证标准。ISO 自 1981 年 10 月开始，在总结和参照了有关国家的标准和实践的基础上，通过广泛协商，于 1987 年颁布了 ISO 9000 质量管理和质量保证系列标准，其中包括标准选用、质量保证和质量管理三类五项标准。这五项标准的诞生开辟了国际范围质量管理和质量保证工作的新纪元，对推动世界各国企业的质量管理和供需双方的质量保证以及促进国际贸易起到了很好的作用。

ISO 9000 族标准及其文件结构图如图 7.5 所示。

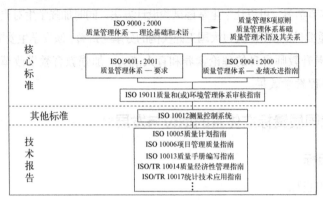

图 7.5　ISO 9000 族标准及其文件结构图

随着全球经济的不断发展，现在的消费者的目光已经不仅仅聚焦于价格方面，对于质量方面有着很高的要求。汽车企业要发展，质量标准体系必须是最科学的，这也是汽车产业发展的战略之一。20 世纪末，作为汽车生产的主要经济体之一的美国，其三大汽车公司（通用汽车、福特和克莱斯勒）于 1994 年开始采用 QS-9000 作为其供应商统一的质量体系标准；同时另一汽车生产主要经济体欧盟，其成员国均各自发布了相应的质量体系标准，如 VDA6.1、AVSQ94、EAQF 等。因美国和欧洲的汽车零部件供应商同时向各大整车厂提供产品，这就要求其必须既要满足 QS-9000 又要满足 VDA6.1 等，造成各供应商针对不同标准的重复认证，这就急需出台一套国际通用的汽车产业质量体系标准，以同时满足各大整车厂的要求，ISO/TS 16949：2002 就此应运而生。汽车制造是一项很复杂的系统工程，汽车是由上万个零部件装配在一起的组合体，涉及冶金、化工、纺织、电子、玻璃、塑料、橡胶等行业，因此，整车制造商的产品对零部件供应商的产品的质量的依赖性很强，需要一种模式来保证零部件供应商的产品和服务的质量。为适应汽车产业全球采购的需要，减少零部件及材料供应商为满足各国质量体系要求而多次认证的负担，降低采购成本，采用 ISO/TS 16949 技术规范可以满足全球汽车企业的要求，同时可以建立美国与欧盟都可以接受的单一质量体系文件和认证注册方案，避免企业编制多重质量体系文件和重复认证注册的困扰。

自改革开放以来，国内汽车产业快速发展，现以实现汽车产销量稳居全球首位，但我们应清醒认识到国内汽车产业盛景背后隐藏着的危机。中国庞大的汽车消费市场，合资企业占据了很大部分，而合资企业中的外企因为掌握了制造技术以及生产质量标准而有着绝对的话语权，这对未来我国自主品牌汽车的发展极为不利。我国要想在国际汽车产业中站稳脚跟，达到世界一流造车水平，建立一套国际认可度较高的完整的质量标准体系势在必行。完整的质量标准体系不仅能够提升我国汽车产业的话语权以及帮助我国汽车企业参与制定国际汽车产业质量标准，还能极大地提升国内汽车品牌的国际知名度，激发人民的民族自信心。

思政切入点：

① 国内汽车产业盛景背后隐藏着危机。我国庞大的汽车消费市场合资企业占据了很大一部分，而合资企业中的外企因为掌握了制造技术以及生产质量标准而有着绝对的话语权，这对未来我国自主品牌汽车发展极为不利。让学生了解我国汽车产业的发展现状与水平，并能取长补短，奋勇争先。

② 我国要想在国际汽车产业中站稳脚跟，达到世界一流造车水平，建立一套国际认可度较高的完整的质量标准体系势在必行。完整的质量标准体系不仅能够提升我国汽车产业的国际话语权以及帮助我国汽车企业参与制定国际汽车产业质量标准，还能极大地提升国内汽车品牌的国际知名度，激发人民的民族自信心。

4. 教学内容分析

（1）教学内容
① ISO/TS 16949 规范概述。
② 产品质量先期策划程序。
③ 潜在失效模式与后果分析。
④ 生产件批准程序。
⑤ 测量系统分析。

（2）教学重点
产品质量先期策划程序、潜在失效模式与后果分析、生产件批准程序、测量系统分析。

（3）教学难点
潜在失效模式与后果分析。

5. 教学过程

教学环节	教学内容	师生活动	设计意图
课程引入（15分钟）	（1）ISO/TS 16949 规范概述 介绍汽车产业质量标准体系的发展历程，进而引入 ISO/TS 16949: 2002 规范	阅读国内外汽车产业质量标准体系报告，理解相关项目管理、质量管理的基本流程以及国内外体系、工具的主要差异	通过阅读研讨质量标准体系手册，对比国内外体系、工具的主要差异，增强学生的"质量强国"理念

教学环节	教学内容	师生活动	设计意图
讲授新知（30分钟）	（2）产品质量先期策划程序、潜在失效模式与后果分析 讲授产品质量先期策划程序、潜在失效模式与后果分析、生产件批准程序以及测量系统分析等内容	结合工程案例，了解产品质量先期策划程序、潜在失效模式与后果分析、生产件批准程序以及测量系统分析等内容	结合案例分析，让学生掌握测量系统分析的工具与流程
讲授新知（35分钟）	（3）案例应用 以我国质量标准体系的地位与发展为案例，介绍汽车产业质量体系的发展历程。通过数据分析，让学生理解建立自己的质量标准体系的重要性和紧迫性。我国要想在国际汽车产业中站稳脚跟，达到世界一流造车水平，建立一套国际认可度较高的完整的质量标准体系势在必行。完整的质量标准体系能够提升我国汽车产业中的国际话语权，帮助中国汽车企业参与制定国际汽车质量标准。 中国乘用车强制性国家标准（图7.6） 图 7.6 中国乘用车强制性国家标准	结合"中国乘用车强制性国家标准"（图7.6），分析讨论质量标准的重要性，培养学生树立质量先行的战略指导思想。要想在国际汽车产业中站稳脚跟、有话语权，就必须参与建立国际质量标准	通过案例分析，激发学生的爱国精神和积极创新、进取向上的精神，让学生意识到建立质量标准的重要性，我国应该建立自己的质量标准体系，并争做标准的制定者
课堂小结（10分钟）	课程主要知识点： · ISO/TS 16949 规范概述。 · 产品质量先期策划程序、潜在失效模式与后果分析。 · 生产件批准程序，测量系统分析	简要总结课程核心知识点	梳理课程知识点，加深学生对知识点的掌握
作业布置	分析题： 通过对汽车产业国内外质量标准体系的发展历程与基本流程的学习，分析我国汽车产业质量标准体系的水平和国内外体系、工具的异同	围绕课程知识点和价值引领布置课后作业	通过作业训练，巩固课堂所学知识点

6. 教学效果分析与反思

（1）教学效果

① 通过这部分内容的讲解，让学生了解汽车产业质量标准体系的整体框架，并理解质量标准在汽车产业中的地位（科学的质量标准体系是汽车产业发展的战略之一）。

② 结合案例分析，让学生明白国内汽车产业盛景背后依然隐藏着危机。我国庞大的汽车消费市场中，合资企业占据了很大一部分，而合资企业中的外企因为掌握了制造技术以及生产质量标准而有着绝对的话语权，这对未来我国自主品牌汽车的发展极为不利。

③ 引导学生明白我国要想在国际汽车产业中站稳脚跟，达到世界一流造车水平，建立一套国际认可度较高的完整的质量标准体系势在必行。完整的质量标准体系不仅能够提升我国汽车产业的国际话语权，帮助我国汽车企业参与制定国际汽车质量标准，还能极大地提升国内汽车品牌的国际知名度，激发人民的民族自信心。

④ 将理论讲解与动画视频相结合，在向学生传授基本理论知识的同时，通过工程案例提升学生的知识运用能力。注重质量标准体系方面的介绍，引起学生对建立质量标准的重视。

⑤ 师生互动积极，学生发言踊跃，学生满意度高，教学效果良好。

（2）教学反思

① 结合课程知识背景分析，把握时机，自然融入育人元素是开展课程思政教学的有效途径。

② 质量是"中国制造 2025"的重要内容之一，应当坚持把质量作为建设制造强国的生命线，强化企业质量主体责任，加强质量技术攻关和自主品牌培育。

③ 加强建设法律法规和质量标准体系、质量监管体系、先进质量文化，营造诚信经营的市场环境，走以质取胜的发展道路。

④ 质量标准体系对于质量有关键作用，在此作用下我国汽车产业迅速发展，质量水平提升明显。

⑤ 当我们深耕一个产业并取得重大成果时，应积极总结经验，建立我们自己的质量标准体系，争做标准的制定者。

⑥ 注重提升教师自身的理论素养和育人能力，加强教育教学改革和实践探索，进一步提升课程教学效果。

第8章

汽车控制基础课程思政教学设计

8.1 课程概况

课程名称：汽车控制基础
课程性质：专业必修课程
专　　业：车辆工程
教学对象：大三本科生
使用教材：孔祥东，姚成玉. 控制工程基础. 第 4 版. 北京：机械工业出版社，2019 年
学分/学时：2/32
课程类型：线下课程
课程简介：该课程是车辆工程专业的必修课程。该课程以系统建模与控制器设计分析为研究对象，综合运用根轨迹分析法、时域分析法与频域分析法等方法定性与定量地分析系统各项动静态性能，进而探究影响系统性能的因素。通过系统校正方法等改善系统性能，不断提升学生的汽车电子控制系统开发设计能力。

8.2 课程教学目标

8.2.1 知识能力目标

① 掌握车辆整车及各子系统的测试与控制的基本知识和基本概念。车辆子系统包含车辆结构总成与部件、电子系统等。重点掌握各子系统的建模方法和简化原则、系统分析和性能改善的方法等。

② 能够建立各子系统被控对象及其控制系统的数学模型，并具备对该模型进行动静态特性分析的能力。掌握控制过程的根轨迹、时域、频域和系统稳定性分析方法，了解特定机电系统的校正设计方法。

③ 掌握车辆系统特性的评价与测量的基本方法，能够对系统动态特性和控制过程进行分析，进而应用控制理论对控制过程及其测试系统进行设计。

8.2.2 课程思政教学目标

以智能汽车发展变革为背景，以实现工程教育与立德树人有机结合作为目标，

阐明工程与人、社会、环境和可持续发展理念的内在联系，强化学生的科学精神内核，树立其社会责任意识；以我国智能驾驶与控制理论的发展成就激发学生的民族自豪感，使其坚定"四个自信"，做到"两个维护"；遵循"以学生为中心、成果导向、持续改进"理念，逐步完善思政内容体系与教学环节。

8.3 课程思政总体设计

8.3.1 课程思政特征分析

（1）增强价值引领

通过典型人物事迹，引导学生弘扬刻苦勤奋的学习精神，激发学生的爱国情怀，激励学生自觉融入实现中华民族伟大复兴的进程中，从而实现自己的人生价值。

（2）树立系统观念

以解决实际问题为导向，以拆解问题逐个攻破、协同配合的复杂系统为实例，培养学生的系统观念，树立其整体观和大局观。

（3）培育科学精神

阐明典型技术创新的历史背景，分析技术变革与社会需求的紧密联系，结合当前自动驾驶与新能源汽车的发展需求，引导学生树立脚踏实地的科学态度和敢为人先的奋斗精神。

（4）关注可持续发展理念

可持续发展理念分为两方面，狭义地讲就是节能环保意识，广义地讲就是多角度看待问题、多方法解决问题的能力。

8.3.2 课程思政方案设计

课程章节	知识点	课程思政教学要点	所属思政维度	教学方法
第一章	·控制系统的基本概念 ·控制系统的工作原理 ·控制系统的基本要求	·以控制系统的基本要求阐述在矛盾中寻求平衡，树立学生的系统观与大局观。 ·稳定是发展的第一要义。 ·解决复杂工程问题需综合考虑社会、健康、安全、法律等因素	·事物普遍联系 ·系统观念	·讲授法 ·演绎法 ·案例教学
第二章	·控制系统的数学模型 ·拉普拉斯变换	·基于机械系统、液压系统、电气系统搭建的微分方程，具有类似性，又称"机电液系统的相似性"。凝练科学问题属性。 ·鉴于求解高阶微分方程难度较大，拉普拉斯创新性地将微分方程转化为代数方程，大大地简化了系统分析过程。强化学生的科学精神	·凝练科学问题属性 ·强化科学精神 ·基础理论与工程科技结合的典范	·讲授法 ·案例教学 ·人文故事引入法（奇妙的数学）

续表

课程章节	知识点	课程思政教学要点	所属思政维度	教学方法
第三章	·控制系统的时域分析 ·控制系统的根轨迹分析 ·控制系统的频域分析	·控制系统的稳定性是系统重要的衡量指标，由此延伸出稳定是发展的第一要义。 ·从时域、根轨迹、频域三个角度形成三种分析方法，这三种方法"殊途同归"指向其内在核心——阻尼比与系统频率	·从解决不同问题的过程中凝练解决方法。 ·从不同的方法中提炼科学规律。 ·可持续发展	·讲授法 ·案例教学 ·对比分析
第五章	·控制系统的综合与校正	·不稳定与非线性才是事物的常态，教导学生接受事物的平凡并付诸行动去改善。 ·提高学生解决问题的责任感、迫切感、有力感	·接受事物的不完美，接纳自己。 ·学会解决问题的实际方法	·讲授法 ·案例教学 ·对比分析
第六章	·案例教学 ·悬架系统的主动控制 ·举一反三，迁移学习	·从实践项目中抽丝剥茧找到问题。 ·将所学理论知识应用于实践，以解决实际问题。 ·建立"模型搭建-控制器设计-仿真验证-实车验证"教学模式	·理论联系实践 ·可持续发展 ·统领项目能力的培养	·讲授法 ·案例教学

8.4 学情分析

同学能够比较积极地完成知识点预习，课堂认真听课，作业认真完成。通过课堂提问和课间与学生交流，了解到学生更注重知识在实践应用，更愿意接受新鲜事物，更关注汽车新技术的发展动向。

8.5 典型教学案例

8.5.1 控制系统

1. 教学目标

（1）知识目标

掌握测试与控制的基本知识和概念，掌握建模的方法和简化原则，掌握系统的分析和改善方法。具体来说：具备建立被控对象及其控制系统的数学模型，并对其进行系统的动静态特性分析的能力；掌握控制过程的时域分析、频域分析和稳定性分析的方法，了解某些特定机电系统的校正设计方法，并能对机械控制过程及测试系统进行设计。

（2）能力目标

能够结合所学知识对机电液系统进行建模和控制器设计，通过多种方法分析系统动静态特性、稳定性等，实现对系统的校正和改善等。

（3）价值目标

通过本课程的学习，让学生了解汽车电控技术在国民经济建设中的地位与作用，掌握控制系统的组成、工作原理以及其分析与设计方法，为培养学生的与控制工程相关的创新思维和能力奠定专业知识基础。强化学生的科学精神、创新精神、机遇与挑战意识和家国情怀。

2. 教学手段与方法

教学手段：实物教具、动画视频、多媒体课件相结合。

教学方法：课堂教授+对比分析+案例教学+互动交流。

3. 课程思政元素分析

控制理论是研究机器设备和其自动控制问题的科学理论。自动控制技术是当代发展迅速、引人瞩目的高新技术之一，是推动新技术革命的关键核心技术。"汽车控制基础"课程将控制理论与汽车的内容相结合，目前更多体现在自动驾驶、驾驶决策控制等方向。

新能源汽车是我国从汽车大国走向汽车强国的必由之路。汽车的新四化——"电动化、智能化、网联化、共享化"成为汽车发展的新趋势。"汽车控制基础"课程紧密结合了汽车电动化、智能化、网联化、共享化对控制技术的需求。

课程思政教学设计中，以国家发展的大形势与新时代的工匠精神为切入点，以基于成果导向（OBE）的教育模式，深入挖掘契合课程的思政元素，如国家重大重点工程项目、科技前沿问题、国家相关政策规划、新闻热点、业内典型人物事迹等。

课程思政教学设计中，琢磨根轨迹法、时域分析法、频域分析法之间的联系与区别，找到它们在知识网结构中的公共节点，融会贯通，凝练科学精神，加强学生的可持续发展理念。

课程思政教学设计中，要更加注重"项目式"教学方法，逐步提高学生解决实际问题的能力，使其能够做到化解问题、解决问题、总结问题。

通过教学案例设计，润物细无声地将工匠精神、科学精神、职业精神和爱国精神等课程思政元素贯穿于整个教学过程，实现立德树人的目标。

思政切入点：

① 通过优秀科学家的重要贡献和家国情怀，树立学生正确的世界观与价值观，激发学生的爱国热情，引导学生从榜样身上汲取力量。

② 通过控制理论，引导学生从不同角度看待事物，从不同的分析方法（如时域分析法、频域分析法、根轨迹分析法等）中找寻事物发展的本质规律，培养学生不断探索的科学精神。

③ 深入剖析"模型搭建-控制器设计-仿真验证-实车验证"教学模式，系统性地指导学生搭建从理论到实践的桥梁，增强学生学习知识的获得感。

④ 将国际大环境、国家重大工程项目、科技前沿问题、国家相关政策规划、新闻热点等结合起来，例如关键核心技术的不断突破等。

4．教学内容分析

（1）教学内容

① 控制系统的基本概念。

② 控制系统的工作原理。

③ 控制系统的基本要求。

（2）教学重点

控制系统的工作原理、基本要求。

（3）教学难点

控制系统的工作原理。

5．教学过程

教学环节	教学内容	师生活动	设计意图
课程引入 （15分钟）	（1）控制问题引入（宏观把握） ·2021年6月神舟十二号发射成功，并完成与核心舱的对接。 ·自主研发高铁自动驾驶系统。 ·无人驾驶物流车 图8.1 控制系统在我国高科技领域的应用	·视频播放：教师讲授控制系统在我国高科技领域的应用（图8.1）。 ·引导讨论：控制系统在我国重大攻关项目中的作用	通过视频、图片，直观地向学生展示控制系统在各个领域中的应用，激发学生的学习与探究兴趣，扩展学生的知识面

续表

教学环节	教学内容	师生活动	设计意图
课程引入 （5分钟）	（2）控制技术在车辆中的应用（明确对象） ➢ 控制技术在广义无人驾驶车辆中的应用 · 广义无人驾驶车辆的分类如图8.2所示。 ◆地面无人车辆（地面）　◆空中无人机（空中） ◆水面无人艇（水上）　◆水下无人潜水器（水下） 图8.2　广义无人驾驶车辆的分类 ➢ 控制技术在汽车中的应用 定速巡航 智能钥匙 无人驾驶等 汽车电子化程度如图8.3所示 □ 软件复杂度给汽车产业带来挑战 □ 新的业务增长点 图8.3　电子化在汽车中的作用程度	· 聚焦车辆工程专业与控制技术的契合点。 · 视频播放：地面、空中、水下、水上等不同广义无人驾驶车辆	通过视频和图片等，拓展学生对无人驾驶车辆的认知范围，进一步聚焦至地面无人车辆
讲授新知 （25分钟）	（3）控制系统的基本概述 ➢ 自动控制的含义 · 在没有人直接参与下，采用控制装置使被控对象的某些物理量在一定的精度范围内按照给定规律变化。 · 列举出与自动控制有关的热门话题，例如： 脑-机接口——人-机器接口。 人机交互——小度机器人。 无人驾驶——华为、百度等自动驾驶系统。 ➢ 控制理论的发展史 · 起源于18世纪英国第一次工业革命。 · 古典控制理论（20世纪40~50年代）、现代控制理论（20世纪60~70年代）、大系统控制理论和智能控制理论。 · 上述各阶段的定位：古典控制理论是基础，现代控制理论、智能控制理论是古典控制理论的延伸和拓展	· 深入剖析自动控制概念。控制装置是什么？什么是给定规律？ · 小组讨论：热门话题中控制系统的应用（小组讲解）。 · 了解控制理论的起源、发展与拓展，验证事物普遍发展规律。从前人发现规律的过程，学习如何形成科学思维方式	结合汽车电子化程度越来越高的产业背景，分析控制技术对于汽车发展的影响，培养学生的创新精神、机遇与挑战意识和科学精神

续表

教学环节	教学内容	师生活动	设计意图
讲授新知 （10分钟）	（4）控制系统工作原理 ·观测：由检测元件（温度计）测出恒温箱的温度（被控量）。 ·比较：与给定的温度值进行比较，得出偏差的大小和方向。温度低，调高；温度高，调低。 ·执行器操作：恒温箱温度高于给定值时，移动调压器使得电流减小，温度降低；低于给定值时，则使电流变大，温度升高 图 8.4　人工控制的恒温箱 图 8.5　自动控制的恒温箱	定性分析： ·检测偏差用以纠正偏差。 ·从人工控制的原理得到自动控制原理（推理类比）	结合通俗易懂的例子（图8.4、图8.5），类比人工控制与自动控制，进而得到"检测偏差用以纠正偏差"的结论
讲授新知 （10分钟）	（5）自动控制系统的主要分类 ·开环控制与闭环控制（按照系统的输出量对系统的控制有没有影响进行分类）。 ·恒值调节系统、程序控制系统、随动（伺服）系统等（按照给定量的运动规律分类）。 ·线性系统与非线性系统（按照系统特性分类）。 ·时变系统与定常系统（按照常微分方程的系数是否随时间 t 变化分类）。 ·连续控制系统与离散控制系统（按照采样时间是连续还是离散分类）。 ·单变量系统与多变量系统（按照变量数量分类）。 ·确定系统和不确定系统（按照物理系统具有不同程度的不确定性分类）	看待事物的角度不同（即侧重点不一样），得到不同的分类结果，从而引申出分类是为了更好地解决问题。 师生互动：举例自己所了解的自动控制系统	从总体上全面把握各种不同的分类方法

教学环节	教学内容	师生活动	设计意图
讲授新知（10分钟）	（6）控制系统的结构组成与工作原理 控制系统的基本要求是：稳定、准确、快速。 ·稳定性：是系统动态过程的振荡倾向和系统工作的首要条件。 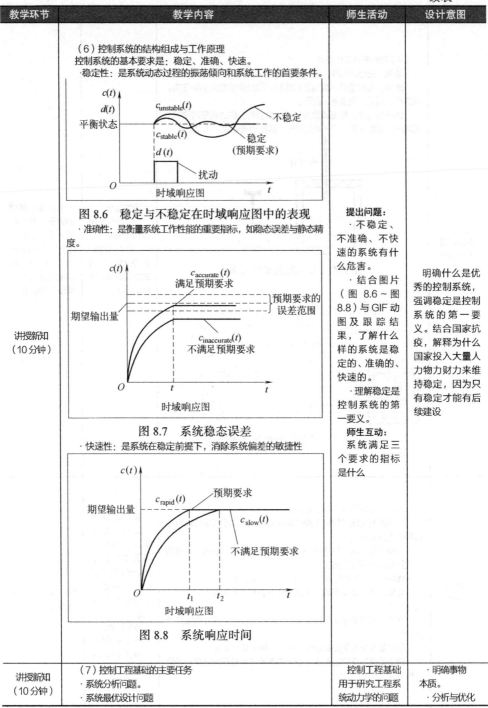 图8.6 稳定与不稳定在时域响应图中的表现 ·准确性：是衡量系统工作性能的重要指标，如稳态误差与静态精度。 图8.7 系统稳态误差 ·快速性：是系统在稳定前提下，消除系统偏差的敏捷性 图8.8 系统响应时间	提出问题： ·不稳定、不准确、不快速的系统有什么危害。 ·结合图片（图8.6~图8.8）与GIF动图及跟踪结果，了解什么样的系统是稳定的、准确的、快速的。 ·理解稳定是控制系统的第一要义。 师生互动： 系统满足三个要求的指标是什么	明确什么是优秀的控制系统，强调稳定是控制系统的第一要义。结合国家抗疫，解释为什么国家投入大量人力物力财力来维持稳定，因为只有稳定才能有后续建设
讲授新知（10分钟）	（7）控制工程基础的主要任务 ·系统分析问题。 ·系统最优设计问题。	控制工程基础用于研究工程系统动力学的问题	·明确事物本质。 ·分析与优化

续表

教学环节	教学内容	师生活动	设计意图
课程小结 （5分钟）	课程主要知识点： ·控制系统的基本概念。 ·控制系统的工作原理。 ·控制系统的基本要求	简要总结课程核心知识点	梳理课程知识点，加深学生对知识点的掌握
作业布置	简答题： 试述对控制系统的要求。 计算题： 解如下微分方程： $x''(t)+6x'(t)+8x(t)=1$ 其中 $x(0)=1$, $x'(0)=0$，提示：可借助拉氏变换与反拉氏变换	围绕课程知识点和价值引领布置课后作业	通过作业训练，巩固课堂所学知识点

6. 教学效果分析与反思

（1）教学效果

① 结合国际、国内、产业、高校等层面，深刻理解控制系统在智能化领域的重要性。汽车的智能化、低碳化、网络化催生了控制技术的蓬勃发展。

② 汽车也被称为"可移动的机器人"，机器人、微电子、计算机、软件工程、机械工程、通信工程等专业纷纷交叉车辆工程专业，学生要有危机意识、挑战意识与创新意识。

③ 深刻了解控制系统的三大基本要求，稳定是第一要义。

④ 将理论讲解与视频相结合，深刻阐述控制的原理与要求。

⑤ 师生互动积极，学生发言踊跃，教学效果良好，学生满意度高。

（2）教学反思

① 进一步加强实物教具、动画视频、多媒体课件等课程教学资源建设，为课程教学提供丰富的教学手段。

② 进一步深入挖掘提炼汽车电子技术、智能化、网联化创新变革背后的育人元素，以工程案例为牵引，结合新时代背景下的典型人物事迹，树立学生的科学精神、机遇与挑战意识和家国情怀。

8.5.2 控制系统的数学模型

1. 教学内容

① 控制系统的数学模型。

② 拉普拉斯变换（简称拉氏变换）。

③ 典型环节的传递函数。

2. 教学重点

控制系统的数学模型搭建与拉氏变换。

3. 教学难点

模型搭建、拉氏变换、传递函数。

4. 教学过程

教学环节	教学内容	师生活动	设计意图
课程引入（20分钟）	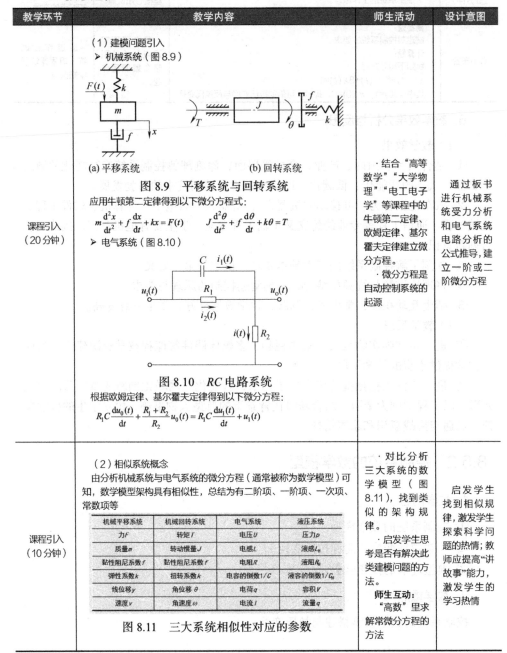	・结合"高等数学""大学物理""电工电子学"等课程中的牛顿第二定律、欧姆定律、基尔霍夫定律建立微分方程。 ・微分方程是自动控制系统的起源	通过板书进行机械系统受力分析和电气系统电路分析的公式推导，建立一阶或二阶微分方程
课程引入（10分钟）	（2）相似系统概念 由分析机械系统与电气系统的微分方程（通常被称为数学模型）可知，数学模型架构具有相似性，总结为有二阶项、一阶项、一次项、常数项等 图8.11 三大系统相似性对应的参数	・对比分析三大系统的数学模型（图8.11），找到类似的架构规律。 ・启发学生思考是否有解决此类建模问题的方法。 ・师生互动："高数"里求解常微分方程的方法	启发学生找到相似规律，激发学生探索科学问题的热情；教师应提高"讲故事"能力，激发学生的学习热情

教学环节	教学内容	师生活动	设计意图
讲授新知 （15分钟）	（3）拉氏变换与拉氏反变换 引入：对于低阶、常系数微分方程，在高数中有求解方法，但对于高阶系统则无法求解。针对此类问题，拉普拉斯提出将微分方程进行拉氏变换，将微分方程中关于时间 t 的导数项转为关于 s 的幂次项。这大大拓展了常微分方程的求解范围，降低了求解难度。 · 拉氏变换及其特性。 · 拉氏变换的运算法则（包括线性定理、延迟定理、位移定理、相似定理、微分定理、积分定理、初值定理、终值定理、卷积定理）。 · 拉氏反变换及其计算方法	· 通过类比的方法将各类系统总结为统一的常微分方程格式，此为"总结规律"。 · 剖析拉氏变换提出的背景，培养学生的科学精神。 · 新方法、新的运算法则和计算方法	· 带领学生打开控制系统的大门，体会拉氏变换与拉氏反变换的"奇妙变换"。 · 明确拉氏变换运算法则与计算方法
讲授新知 （10分钟）	（4）重点例题讲解 ➤ 用拉氏变换解常系数线性常微分方程（图8.12） 例　解方程 $\ddot{y}(t)+5\dot{y}(t)+6y(t)=6$。其中， $\dot{y}(0)=2, y(0)=2$。 解　将方程两边取拉氏变换，得 $$s^2Y(s)-sy(0)-\dot{y}(0)+5[sY(s)-y(0)]+6Y(s)=\frac{6}{s}$$ $$Y(s)=\frac{2s^2+12s+6}{s(s+2)(s+3)}=\frac{1}{s}+\frac{5}{s+2}-\frac{4}{s+3}$$ $$y(t)=1+5e^{-2t}-4e^{-3t}$$ 图 8.12　例题求解步骤 ➤ 小结 · 对微分方程进行拉氏变换，将其转化为 s 域或拉氏域的代数方程。 · 求出特征方程的解和对应的留数，并对化简后的部分分式进行拉氏反变换，得到微分方程的时间解	· 通过公式推导，理解拉氏变换与拉氏反变换的原理与操作步骤。 · 尝试用MATLAB软件中拉氏变换函数求解常系数微分方程	明确计算拉氏变换的步骤，并逐步过渡至用MATLAB软件求解微分方程
讲授新知 （10分钟）	（5）传递函数的概念 定义：是研究线性定常系统的函数，初始条件为 0 时，为输出量的拉氏变换与输入量的拉氏变换之比。（此处做一个伏笔，频域分析时类似。） 微分方程向传递函数转变的过程如图8.13所示。 $$a_n\frac{d^n}{dt^n}c(t)+a_{n-1}\frac{d^{n-1}}{dt^{n-1}}c(t)+\cdots+a_0c(t)=b_m\frac{d^m}{dt^m}r(t)+b_{m-1}\frac{d^{m-1}}{dt^{m-1}}r(t)+\cdots+b_0r(t)$$ ⬇ $$G(s)=\frac{C(s)}{R(s)}=\frac{b_ms^m+b_{m-1}s^{m-1}+\cdots+b_0}{a_ns^n+a_{n-1}s^{n-1}+\cdots+a_0}=\frac{N(s)}{D(s)}$$ 图 8.13　微分方程向传递函数转变过程 特性： · 描述系统本身的固有特性，与"输入量/输出量"无关。 · 对于不同的物理系统，若其动态特性相同，可用同一传递函数描述	对比分析机械系统、电气系统、液压系统等几类常用系统的传递函数。 师生互动： 传递函数既然描述系统固有特性，其是否携带时域指标特征	分析几类常用的传递函数模型，总结出不同物理系统可拥有相同的传递函数。把问题统一化，便于研究其一致性规律

续表

教学环节	教学内容	师生活动	设计意图
讲授新知 （10分钟）	（6）典型输入环节的拉氏变换 · 单位阶跃函数。 · 单位脉冲函数。 · 单位斜坡函数。 · 正弦函数和余弦函数。 掌握上述四种典型环节（输入）的拉氏变换，熟练应用 MATLAB 软件中的拉氏变换函数	理解四种典型输入环节的时域与拉氏域的变换	明确四种典型环节的拉氏变换，为后续计算做准备
讲授新知 （15分钟）	（7）传递函数的零极点与典型环节 零点和极点是控制理论中非常重要概念，在分析系统稳定性、设计与校正系统时都有着举足轻重的作用。分子 z 为零点，分母 p 为极点。 $$G(s)=\frac{b_m s^m + b_{m-1} s^{m-1}+\cdots+b_1 s+b_0}{a_n s^n + a_{n-1} s^{n-1}+\cdots+a_1 s+a_0}=\frac{b_m}{a_n}\frac{(s-z_1)(s-z_2)\cdots(s-z_m)}{(s-p_1)(s-p_2)\cdots(s-p_n)}$$ ➢ 常见典型环节 · 比例环节：理想放大器的放大系数与增益。 · 惯性环节：对应于储能元件，如电路中的电容与电感、M-C-K 模型中的质量与弹簧均为储能元件。 · 微分环节：输出正比于输入的微分环节（常见于液压系统等）。 · 积分环节：输出正比于输入的积分环节。 · 振荡环节：在此类环节中通常含有两类储能元件，如既有电感又有电容；能量在这两种元件之间互相转换，则使得输出带有振荡的性质。 一阶微分环节、二阶微分环节与延时环节都属于典型环节。 ➢ 典型环节组成整个系统的方式 各典型环节之间通过并联、串联、反馈、比较点、引出点等方式组成整个系统	· 以电枢电流控制式直流电动机为例，进行拉氏变换。 · 明确传递函数零极点的分布，并将该传递函数进行常用典型环节拆分。 · 将典型环节通过并联、串联、反馈等连接方式制成方框图	· 明确系统的零极点在控制系统中的重要性。 · 将传递函数通过留数定理拆解为常见典型环节，可实现传递函数数学表达式与方框图的转化，为后续直观观测控制系统做好准备
课堂小结	课程主要知识点： ➢ 控制系统的数学模型 不同系统可能具有相同的数学模型。 ➢ 拉普拉斯变换 拉氏变换与拉氏反变换。 ➢ 典型环节的传递函数	简要总结课程核心知识点	梳理课程知识点，加深学生对知识点的掌握
作业布置	简答题： 拉氏变换与拉氏反变换在控制理论中的作用？ 计算题： 在 MATLAB 软件中输入以下系统模型，试求其极点模型，并绘制其阶跃响应曲线。 $$G(s)=\frac{s^3+4s^2+3s+2}{s^2(s+1)[(s+4)^2+4]}$$	围绕课程知识点和价值引领布置课后作业	通过作业训练，巩固课堂所学知识点

5. 教学效果分析与反思

（1）教学效果

① 通过拉氏变换与拉氏反变换，切换了时域与拉氏域两个"平行时空"，就如同欧拉公式 $\mathrm{e}^{\mathrm{j}\theta}=\dfrac{\cos\theta+\mathrm{j}\sin\theta}{2}$ 建立了指数函数与复数之间的关系，让学生感受到数学的魅力，理解国家为什么大力发展基础科学。另外，将传递函数的数学表达式向控制系统的方框图进行拆分，可更直观地观测系统的内部结构，阐明控制系统的原理，培养学生的科学精神。

② 理论讲解与 MATLAB 软件操作相结合，通过习题与 MATLAB 软件操作，

让每个学生都参与其中。提出更多问题与学生一起讨论。

③ 培养学生通过归类和总结发现事物内在规律的思维习惯。

④ 师生互动积极，学生发言踊跃，教学效果良好，学生满意度高。

（2）教学反思

① 进一步加强实物教具、动画视频、多媒体课件等课程教学资源建设，为课程教学提供丰富的教学手段。

② 进一步深入挖掘提炼控制技术创新变革背后的育人元素，以工程案例为牵引，结合新时代背景下的典型人物事迹，树立学生的科学精神、机遇与挑战意识和家国情怀。

8.5.3 控制系统时域、根轨迹、频域分析

1. 教学内容

① 控制系统的时域分析。

② 控制系统的根轨迹分析。

③ 控制系统的频域分析。

2. 教学重点

控制系统的时域、根轨迹、频域分析。

3. 教学难点

控制系统的根轨迹、频域分析。

4. 教学过程

教学环节	教学内容	师生活动	设计意图
讲授新知 （15分钟）	（1）控制系统的时域分析（图8.14） 图 8.14　控制系统逻辑图 ·概念：研究系统在给定输入信号作用下的时间响应来评价系统的性能，在时域内分析系统的动静态特性。 ·分类：稳态响应和瞬态响应。 ·典型输入信号：阶跃信号、斜坡信号、加速度信号、脉冲信号。 ·响应指标：瞬态指标与稳态指标。 瞬态：控制系统的动态性能指标，通常以单位阶跃的输入量的瞬态响应形式给出，如延迟时间、上升时间、最大超调量、调节时间等。 稳态：如稳态误差	在给定输入信号的作用下，分析时域响应。 师生互动： ·为什么要选取典型输出信号？ ·输出信号的选取原则是什么	通过视频、图片，直观地向学生展示不同典型输入信号下系统的时域响应，激发学生的学习与探究兴趣，扩展学生的知识面

续表

教学环节	教学内容	师生活动	设计意图
讲授新知 （15分钟）	（2）一阶系统的数学模型 结合图8.15，引入一阶系统典型形式——惯性环节。 图8.15　一阶系统的数学建模过程 $$\frac{x(s)}{p(s)} = \frac{A}{fs+k}$$ 类比分析：二阶系统的数学模型	·教师依据图中的弹簧-阻尼系统，列写微分方程，得到一阶系统模型。 ·分析二阶系统瞬态响应	·通过公式推导得到一阶系统惯性环节表达式，类比推理得到二阶系统传递函数表达式。 ·对比一阶系统和二阶系统的区别与联系
讲授新知 （15分钟）	（3）控制系统的根轨迹分析 ➤ 根轨迹的基本概念 ·核心：直观、简便地分析系统特征根与系统参数之间的关系，便于调整系统参数。 ·一个明确参数的传递函数，其零极点分布或者特征根就是固定的点。当参数不断变化时，将其特征根连接成一条线，称为根轨迹。 ➤ 绘制根轨迹的7条基本规则 当闭环特征方程是高阶时，求取其特征根就变得非常困难，伊万斯提出了绘制根轨迹的7条基本规则	·明确系统的闭环极点在s平面中的位置对于系统的稳定性及其他性能有重要意义。 ·明确根轨迹，利用开环传递函数零极点来绘制闭环特征根的轨迹。 师生互动： 由两位同学在黑板上求解不同参数下系统的闭环特征根，并试着连成根轨迹。另外，与由开环传递函数的零极点绘制的闭环传递函数的根轨迹进行对比	·教师与学生共同求解闭环特征方程的根，同时试着绘制其根轨迹，并与开环传递函数的根轨迹进行对比。 ·让学生更加直观地理解根轨迹的绘制规则、根轨迹上特殊点的物理意义等。通过寻找根轨迹的科学规律，培养学生的科学精神
课程引入 （5分钟）	（4）控制系统的频域分析知识点引入 ·同频率的正弦量叠加后仍然为同频率的正弦量，只不过相位和幅值会发生变化。 ·引入方法：回忆在"电工与电子学"这门课中，称为"相量法"的知识点；而在"汽车控制基础"这门课中，称为"频域法"。 注意：同频率正弦量叠加后，仍为同频率正弦量。 例如： $$\begin{cases} u_1 = \sqrt{2}U_1 \sin(\omega t + \varphi_1) \\ u_2 = \sqrt{2}U_2 \sin(\omega t + \varphi_2) \end{cases}$$ $$u = u_1 + u_2 = \sqrt{2}U_1\sin(\omega t + \varphi_1) + \sqrt{2}U_2\sin(\omega t + \varphi_2)$$ $$= \sqrt{2}U\sin(\omega t + \varphi)$$ 有效值U、初相位φ变化，角频率ω不变	邀请学生用板书演示利用相量法进行同频率的正弦量叠加的计算	类比"相量法"理论，理解"频域法"

第 8 章　汽车控制基础课程思政教学设计

续表

教学环节	教学内容	师生活动	设计意图
讲授新知 （15 分钟）	（5）控制系统的频域分析 ➤ 频率特性的基本概念（代数形式） 指正弦信号输入时，系统输出与输入的幅值比和相位差随输入频率的变化规律。 ·频率特性可转化为复数和极坐标两种表达形式。复数形式的优势在于可快速处理加减运算，极坐标形式的优势在于可快速处理乘除运算。两者各有适用范围，可灵活转化应用。 ·理解复数与极坐标之间的转化关系。 ➤ 频域特性的图形表示法（几何形式） ·幅相频率特性图。 典型环节的幅相特性曲线：比例环节、积分环节、微分环节、惯性环节、振荡环节、延时环节。 ·对数频率特性图（Bode 图，如图 8.16 所示）。 对数幅频特性　$L(\omega)=20\lg|G(j\omega)|=20\lg K$ 对数相频特性　$\varphi(\omega)=\angle G(j\omega)=0$ 比例环节的对数幅频特性 $L(\omega)$ 和对数相频特性 $\varphi(\omega)$ 都是常数，而与频率 ω 无关。 在 Bode 图上皆为直线， 当 $K>1$ 时，幅值分贝数为正， 当 $K<1$ 时，幅值分贝数为负。 图 8.16　Bode 图 ·对数幅相频率特性图。 ➤ 时域指标与频域指标的关系（难点）	·结合实例说明正弦信号输入时，系统的输出与输入的幅值比和相位比，举例阐明系统的频率特性概念。 ·凝练出学习规律"几何与代数相结合"，数学为解析角度，几何则更为直观。	·如果说时域分析和根轨迹分析揭开了分析系统的时间维度领域，那么频域分析就是打开了以频率为自变量的领域，提供给人们看问题的另一个维度。 ·从频域分析的维度不难理解代数分析与几何分析。 ·根据频域特性图形的特殊点比对根轨迹的特殊点，了解其物理意义
讲授新知 （20 分钟）	（6）控制系统的稳定性分析 ➤ 系统稳定性概念与不稳定的危害 定义：指系统在扰动作用消失后，经过一段过渡过程能否恢复到原来的平衡状态或足够准确地恢复到原来的平衡状态的性能。 明确：稳定是第一要义。 ①出于操纵性和机动性需要，现代战斗机设计成开环不稳定系统，须引入主动控制系统保证稳定。 ②无人机着陆前自由抖振，并非空气动力学问题，是由系统不稳定所致，具体是由控制增益过大导致。 京张高铁——我国自主研发的时速 350km/h 高铁全自动驾驶系统安全舒适稳定 L4 级无人驾驶广州疫情防控关键时刻，一辆辆没有司机的自动驾驶运输车辆运送物资到封锁区！ 图 8.17　稳定是第一要义 ➤ 系统的稳定性判定方法 主要分为代数判据和几何判据，例如： ·劳斯判据和系统特征方程求根。 ·根轨迹法。 ·频率特性法。 明确：以上稳定性判定方法的优缺点与应用范围	·结合 PPT（图 8.17）、视频、实物教具，使学生理解系统不稳定或者稳定性差的危害，深刻理解"稳定是第一要义"的重要性。 ·将代数法与几何法两种方法进一步细分为各种方法，明确各种方法"殊途同归"解决一个问题	·明确判定系统稳定性的必要性。 ·明确各方法之间的联系与区别，解决问题时的应用范围

续表

教学环节	教学内容	师生活动	设计意图
课堂小结 （5分钟）	课程主要知识点： ·控制系统的时域分析。 ·控制系统的根轨迹分析。 ·控制系统的频域分析	简要总结课程核心知识点	梳理课程知识点，加深学生对知识点的掌握
作业布置	简答题： 系统稳定性的证明方法有哪些？ 计算题： 设一反馈控制系统的开环传递函数为 $$G(s)H(s)=\frac{K_1}{s(s+4)(s^2+4s+20)}$$ 试绘制根轨迹	围绕课程知识点和价值引领布置课后作业	通过作业训练，巩固课堂所学知识点

5. 教学效果分析与反思

（1）教学效果

① 通过实际案例，阐明"系统不稳定"的两面性，"危"与"机"相伴而生，通过化危为机的技术创新过程，树立学生的创新意识、危机意识和挑战意识；让学生清晰地认知不稳定的危害，修正、校正系统就从不稳定开始。

② 系统的不稳定有诸多危害，而判定系统不稳定的方法有很多。"殊途同归"地解决系统稳定性的判定问题，更加需要学生理解不同方法之间的联系与区别，做到高阶知识点的融会贯通。

③ 师生互动积极，学生发言踊跃，教学效果良好，学生满意度高。

（2）教学反思

① 进一步加强实物教具、动画视频、多媒体课件等课程教学资源建设，为课程教学提供丰富的教学手段。

② 进一步深入挖掘提炼汽车控制基础背后的育人元素，以工程案例为牵引，结合新时代背景下的典型人物事迹，树立学生的科学精神、机遇与挑战意识和家国情怀。

8.5.4 悬架系统控制器设计

1. 教学内容

① 案例教学。
② 悬架系统的主动控制。
③ 疲劳驾驶预警系统设计（作业）。
④ 举一反三，迁移学习。

2. 教学重点

案例教学，举一反三。

3. 教学难点

迁移学习。

4. 教学过程

教学环节	教学内容	师生活动	设计意图
课程引入（15分钟）	（1）控制知识点引入（图8.18） 图 8.18　控制技术在各行业的应用 · 控制技术在高科技领域的应用。 · 控制技术究竟应用于每个案例的哪一部分？基于哪一部分设计控制系统？ （2）智能驾驶-虚拟座舱-底盘设计-主动悬架（图8.19） 智能驾驶-虚拟座舱-底盘设计-主动悬架控制系统（核心内容）。 奥迪 A8 和 GLE 带有车身控制的 E-Active 悬架，可调节电子阻尼和空气弹簧实现主动悬架控制 图 8.19　虚拟座舱核心——主动悬架控制系统 · 以悬架系统建模与控制仿真为例，深入剖析悬架系统，附以控制系统设计，并最终通过 MATLAB 软件仿真实现系统设计，形成"建模原理-模型搭建-控制器仿真"等一系列完整闭环解决实际问题的思路	· 结合视频讲授控制系统在我国高科技领域的应用，并引导学生简要讨论控制系统在其中的作用，用科技发展激发学生的学习兴趣与探索精神。 · 提出"一系列完整闭环解决实际问题"课程目标	· 通过视频、图片，直观地向学生展示控制系统在各领域中的应用，激发学生的学习与探索兴趣，扩展学生的知识面。 · 着重找出控制技术与汽车自动驾驶两者相结合的知识点，以"悬架系统建模及控制仿真"为例，解决学生反映的"理论与实际"对接困难的问题
基本知识点回顾（10分钟）	（3）悬架的定义与组成 阐述悬架的定义、组成与功能 图 8.20　悬架组成与功能	· 结合 PPT（图 8.20）阐述悬架的定义与组成。 · 按照功能不同，悬架有很多分类方式。在师生互动环节提问	通过图片、GIF、视频等形式，直观地向学生展示悬架的结构

续表

教学环节	教学内容	师生活动	设计意图
基本知识点回顾（10分钟）	（4）悬架的作用与评价指标 ·悬架的作用：连接、传力、缓和、导向。 ·悬架性能的三个评价指标：乘坐舒适性、悬架动行程、轮胎动载荷。 ·依次讨论找出三个评价指标的物理意义。 ·三个评价指标的动态平衡关系（悬架的调校）。	师生互动： ·讨论三个评价指标的物理意义。 ·三个指标之间的关系是矛盾的，需要找寻其中的平衡	着重加深对评价指标与其物理意义之间联系的理解，以便于后续控制系统的状态空间表达式的求取
讲授新知（20分钟）	（5）控制系统建模（图8.21与图8.22） ·悬架系统简化模型建立（假定条件）。 假设为1/4车辆模型（单轮车辆模型） 车身考虑垂直、俯仰、侧倾3个自由度 当简化为单轮时，只考虑车身、车轮垂直自由度等，车身自由度影响最大 图8.21 悬架系统的简化原则　图8.22 悬架系统的简化模型 ·依据牛顿第二定律考虑车轮、车身两个质量块，建立运动微分方程： $$\begin{cases} m_s\ddot{x}_s + k_s(x_s - x_t) + c_s(\dot{x}_s - \dot{x}_t) = 0 \\ m_t\ddot{x}_t - k_t(x_r - x_t) - k_s(x_s - x_t) - c_s(\dot{x}_s - \dot{x}_t) = 0 \end{cases}$$ ·对二自由度运动微分方程选取状态变量进行状态空间表达式的转化。选取的状态变量如表8.1所示。 表8.1 状态变量选取 | 状态变量	表达式	物理意义
---	---	---
x_1		悬架动挠度
x_2		车身速度
x_3		轮胎动变形
x_4		车轮速度
输出变量	表达式	物理意义
y_1		车身加速度
y_2		悬架动挠度
y_3		轮胎动变形 | 可得到状态方程： $$\begin{cases} \dot{X} = AX + Bw(t) \\ Y = CX \end{cases}$$ 系数矩阵 A、B、C 分别是与悬架结构参数相关的矩阵。 A、B、C 的求解很关键，属于现代控制理论的内容	·板书讲解微分方程转化为状态空间表达式。 ·实际车辆模型自由度越多，建立的模型越精细，但计算难度越大，因此需要简化。 师生互动： 非线性向线性转化的例子还有哪些	通过非线性向线性的转化，理解非线性是事物的本质，而线性是特殊情形，培养学生的科学精神

第 8 章 汽车控制基础课程思政教学设计

续表

教学环节	教学内容	师生活动	设计意图
讲授新知（15分钟）	（6）系统稳定性分析与延伸（主动控制） ➢ 类比思想 ★★ 被动悬架　　主动悬架 （图示：被动悬架与主动悬架简化模型，$U=-kX$） 仅有弹簧和阻尼　　两者区别在于除了悬架系统已有的弹性元件和减震器之外，还在车身和车轴之间安装了一个由中央处理器控制的力发生器，能分别对簧载质量和非簧载质量发力 图 8.23　被动悬架与主动悬架的对比（PPT 图片） ➢ 采用相同的方法建立状态空间表达式 ·通过牛顿第二定律分析车身与车轮质量块的垂直受力情况，从而建立主动悬架系统的运动微分方程。 ·选取与被动悬架同样的状态变量，将微分方程组转化为状态空间表达式，得到系数矩阵 A、B、C、D，进行系统的稳定性分析	师生互动：通过给出的被动悬架与主动悬架简化模型图（图 8.23），理解主动悬架与被动悬架的区别与联系	培养学生通过类比举一反三的学习能力，从已学过的模型中找出异同
讲授新知（25分钟）	（7）基于 MATLAB 软件的主动悬架与被动悬架性能对比分析（图 8.24） ·MATLAB 软件基础：是控制系统分析的主要工具（务必掌握）。 ·掌握通过 MATLAB 软件搭建状态空间表达式中的函数——稳定性证明函数的方法。 ·掌握"响应"与"激励"的关系，能在 MATLAB 软件中设置不同的输入——"白噪声""正弦""锯齿波""阶跃"。 ·对比分析相同输入情况下，主动悬架与被动悬架的输出情况，从定量角度理解主动悬架控制的优势 路面不平度 （图示：车身加速度、悬架动挠度、轮胎动变形的被动悬架与主动悬架对比曲线） 图 8.24　路面不平度作为输入的悬架特性对比结果	结合图片、软件操作视频，真切体会主动悬架控制相比被动悬架控制的优势	·MATLAB 软件是"汽车控制基础"这门课很好的实践平台，尤其是代码及 Simulink 实现，与企业联系较为紧密。学生应该掌握基本的 MATLAB 软件知识。 ·通过悬架系统等垂直动力学知识的学习，使学生可以做到举一反三与迁移学习

205

续表

教学环节	教学内容	师生活动	设计意图
课堂小结（5分钟）	课程主要知识点： ➢ 案例教学（悬架系统控制器设计） ·悬架系统的组成、指标。 ·悬架系统简化模型的建立。 ·悬架系统稳定性分析。 ·被动悬架与主动悬架的区别。 ·理论与实践验证。 ➢ 从案例中学到如何抽丝剥茧找到关键问题，并将理论与实践进行联系，以达到解决实际问题的目的。 ·悬架系统组成。 ·悬架系统评价指标。 ·悬架系统的运动微分方程的建立。 ·建立状态方程时选取状态变量。 ·Simulink实现方法	·简要总结课程核心知识点。 ·切实拆解实际问题，并授之以渔	·通过对知识点的梳理，加深对知识点的掌握。 ·培养学生理论联系实际的能力。 ·培养学生统领实际项目的能力。 ·建立"模型搭建-控制器设计-仿真验证-实车验证"教学模式
作业布置	设计题： 疲劳驾驶预警系统设计（作业）	围绕课程知识点和价值引领布置课后作业	通过作业训练，巩固课堂所学知识点

5. 教学效果分析与反思

（1）教学效果

① 通过实际案例，真正帮助学生实现在实际问题中简化建模、关键核心待解决问题剖析、仿真及实车验证，形成"模型搭建-控制器设计-仿真验证-实车验证"教学模式；帮助学生建立理论与实践之间的桥梁，让学生有反馈地学习、有实践地学习，在学习、解决问题的过程中有获得感。

② 将理论讲解与实物教具、动画视频展示相结合，在加深学生对知识点理解和掌握的同时，培养学生的脚踏实地品质、责任担当精神和家国情怀。

③ 师生互动积极，学生发言踊跃，教学效果良好，学生满意度高。

（2）教学反思

① 进一步加强实物教具、动画视频、多媒体课件等课程教学资源建设，为课程教学提供丰富的教学手段。

② 进一步深入挖掘提炼汽车控制基础背后的育人元素，以工程案例为牵引，结合新时代背景下的典型人物事迹，引导学生树立科学精神、机遇与挑战意识和家国情怀。